기독교와 계명인

기독교와 계명인

초판1쇄 인쇄 2025년 1월 13일
초판1쇄 발행 2025년 1월 24일

지 은 이 기독교와 계명인 교재편찬위원회 편
펴 낸 이 신일희
펴 낸 곳 계명대학교 출판부
출판등록 제347-1998-1호(1970. 9. 1)
주 소 대구광역시 달서구 달구벌대로 1095
대표전화 053-580-6233
팩 스 053-580-6235
홈페이지 www.kmupress.com

ISBN 979-11-6516-244-3 03370 정가 18,000원

기독교와 계명인

기독교와 계명인 교재편찬위원회 편

계명대학교 출판부

머리말

Preface

계명대학교는 1899년 제중원의 설립으로 시작되었습니다. 동산의료원의 전신인 제중원은 개신교 선교사들이 세운 서양 근대식 의료기관입니다. 계명대학교는 그 시작부터 기독교 정신에 기초한 것이지요. 계명인이라면 당연히 계명대학교의 설립 정신인 기독교를 알아야 하는 이유입니다. 기독교 정신에 뿌리를 둔 계명대학교는 개척 정신으로 끊임없이 도전하며 학문의 탁월성을 추구하는 동시에 그 학문적 결실을 사회에 나눔으로써 봉사 정신을 실천하고 있습니다. '개척 정신', '학문의 탁월성 추구', '봉사 정신'이야말로 '진리와 정의와 사랑의 나라를 위하여'라는 교육 이념을 구현해 온 계명 정신의 핵심이라 하겠습니다.

계명대학교 학생은 공통교양 과목인 〈기독교와 계명인〉을 통해 계명대학교의 설립 정신인 기독교와 그에 기초한 계명의 역사와 정신을 만나고 배웁니다. 〈기독교와 계명인〉 교과목의 이러한 목적에 부합하도록 기획된 교재가 바로 이 책 『기독교와 계명인』입니다. 『기독교와 계명인』은 교재일 뿐만 아니라 '인문 교양서적'이기도 합니다. 이 책에서 다루는 주제와 내용도 그렇거니와, 독자에게 생각하고 질문하도록 한다는 점에서 더욱 그러합니다.

이 책은 3부로 구성되어 있습니다. 1부 '기독교와 만나다'에서는 구약성경과 신약성경, 예수의 삶과 가르침, 기독교의 역사를 통해 기독교 정신과 사상을 만날 수 있습니다. 기독교의 경전인 동시에 인류의 오랜 고전(classic)인 신구약 성경, 기독교 신앙의 대상이며 세계 3대 성인인 예수, 기독교 자체 역사이자 서양 지성사의 한 축인 기독교의 역사는 계명인으로서도 교양인으로서도 관심 가지고 공부해야 할 주제라 하겠습니다. 2부 '계명의 역사와 정신을 배우다'는 1899년 제중원의 설립으로 시작된 계명의 역사와 그 역사 속에 면면히 이어져 온 계명 정신을 조명합니다. 계명의 역사와 정신이 계명의 선구자와 청지기를 통해 어떻게 계승되고 구현되었는지 보여줍니다. 또한 그 자체로 계명의 역사요 계명 정신의 외현적 상징인 계명 캠퍼스와 보물도 소개하고 있습니다. 3부 '지역과 세계를 향해 빛을 열다'에서는 기독교 정신에 기초하여 생명 존중 사상과 평화감수성을 가진 계명인, 팀십을 갖춘 리더가 되어 지역과 세계를 섬기자고 격려합니다.

이 책은 많은 분의 노고와 지원과 협력의 산물입니다. 바쁘고 힘든 가운데서도 기꺼이 마음을 내주시고 귀한 글을 써 주신 집필진 교수님들께 머리 숙여 감사드립니다. 정년 퇴임을 앞둔 마지막 학기임에도 집필을 맡아 주시고 섬세하게 조언해 주신 계명대학교 동산도서관 이종한 관장님께 존경과 감사의 인사를 드립니다. 계명대학교와 계명인을 사랑하는 마음으로 원고를 써주신 Tabula Rasa College 이경규 교수님께 마음 깊이 감사드립니다. 출판 과정 내내 관심을 가지고 전폭적으로 지원해 주신 Tabula Rasa College 권상우 학장님께 특별히 감사의 말씀을 드립니다. 빡빡한 출판 일정임에도 기다려 주시고 매번 새롭게 추가된 수정요청을 꼼꼼하게 반영해 주신 계명대학교 출판부 최상근 선생님과 여러 선생님께 깊은 감사의 마음을 전합니다.

부디 이 책이 계명대학교의 설립 정신인 기독교와 그에 기초한 계명의 역사와 정신을 만나고 배워서 지역과 세계를 향해 빛을 여는 계명인이 되는 데에 도움이 되기를 소망합니다.

2025년 1월

기독교와 계명인 교재편찬위원장 이인경

목 차

Contents

3부

지역과 세계를 향해 빛을 열다

1부

기독교와 만나다

1장

구약성경 이야기

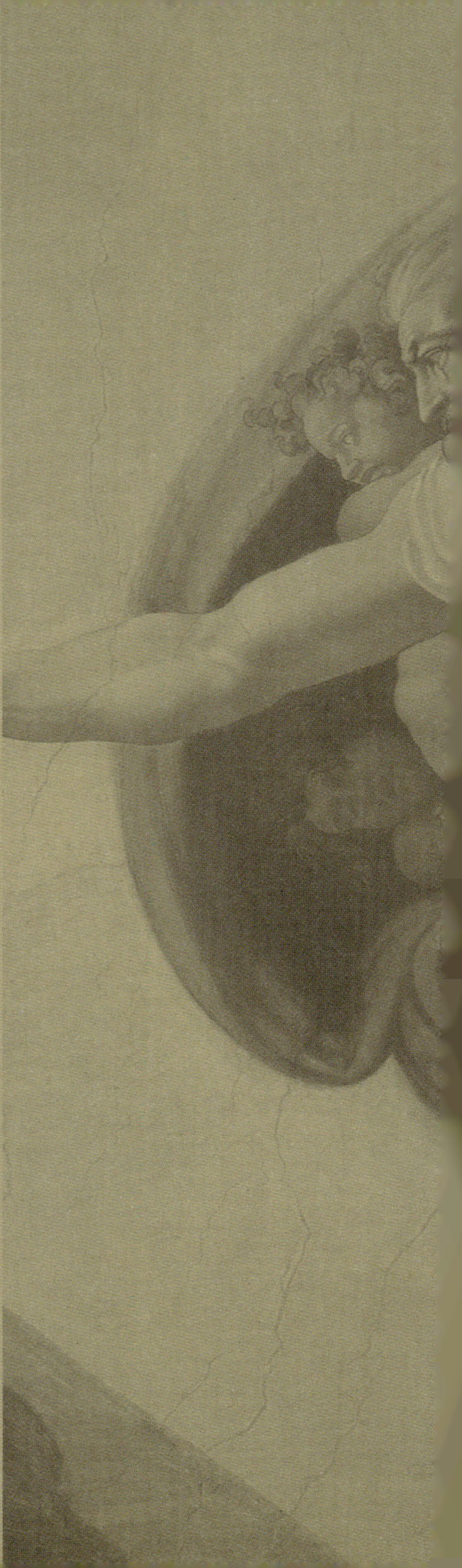

1장

구약성경 이야기

들어가는 말

구약성경은 아주 오래전 예수가 오기 전에 쓰인 책이다. 그렇다면 예수가 중심이 되는 기독교 신앙과 계명인의 삶을 이해하기 위한 '기독교와 계명인' 과목에서 구약성경을 왜 공부해야 할까?

구약성경의 중요성을 이해하기 위해 우선 주목해야 할 점은 예수가 읽은 성경이 바로 구약성경이라는 사실이다. 예수의 생애와 사역 그리고 예수의 가르침의 본질은 구약성경의 배경과 사상을 통해 이해할 수 있다. 구약성경의 중요성은 예수가 구약성경을 가르친 것, 자신의 사명을 나타내거나 하나님의 나라를 선포할 때조차도 구약성경을 인용한 사실을 통해 드러난다.[01] 구약성경은 기원전에 기록된 문헌이지만, 단순히 과거의 역사적 기록이 아니다. 기독교의 중심인 예수의 가르침과 삶, 그리고 예수의 가르침을 따르는 계명인의 삶을 이해하기 위해 꼭 읽어야 하는 기독교와 계명인의 뿌리와 같은 책이다.

1. 구약성경이란?

구약(Old Testament)은 문자 그대로 '옛 언약'을 의미하며, 이는 신약(New Testament)의 의미인 '새 언약'과 상대적인 개념으로 이해할 수 있다. 그러나 두 성경은 분리된 것이 아니라 예수 그리스도를 중심으로 연결되어 있다. 구약성경은 메시아인 예수 그리스도에 대한 예언과 약속을 포함하고 있으며, 신약성경은 그 약속의 성취와 함께 예수 그리스도를 통해 선포된 새로운 언약을 담고 있다.[02]

구약성경은 총 39권으로 구성되어 있으며, 다음과 같이 크게 네 부분으로 나눌 수 있다.

- 오경: 창세기, 출애굽기, 레위기, 민수기, 신명기
- 역사서: 여호수아, 사사기, 룻기, 사무엘상, 사무엘하, 열왕기상, 열왕기하, 역대상, 역대하, 에스라, 느헤미야, 에스더
- 예언서: 이사야, 예레미야, 애가, 에스겔, 다니엘, 호세아, 요엘, 아모스, 오바댜, 요나, 미가, 나훔, 하박국, 스바냐, 학개, 스가랴, 말라기
- 시가서 및 지혜문학: 욥기, 시편, 잠언, 전도서, 아가

구약성경 대부분은 고대 히브리어로 기록되었으며, 일부는 고대 아람어로 작성된 부분도 포함되어 있다. 20세기 중반 이스라엘의 쿰란 지역에서 발견된 사해 문서(Dead Sea Scrolls)에 구약성경의 가장 오래된 파편이 보존되어 있다. 하지만 구약성경 전체를 포함하지 않기 때문에, 기원후 10세기에 집대성된 마소라 사본 중 현재 러시아 상트페테르부르크에 보존되어 있는 레닌그라드 코덱스(Leningrad Codex, 1008년)를 히브리어 구약성경으로 사용한다. 현재 전 세계에 퍼져있는 구약성경은 레닌

그라드 코덱스를 각 나라의 언어로 번역한 것이다.

시대적으로 구약성경은 세상의 기원인 창조 이야기에서 시작하여 기원전 2천 년경부터 기원전 4세기의 페르시아 시대에 이르기까지의 역사를 다룬다. 이러한 방대한 양의 책과 긴 역사적 배경 속에서 구약성경이 궁극적으로 전하고자 하는 핵심 메시지는 무엇일까?

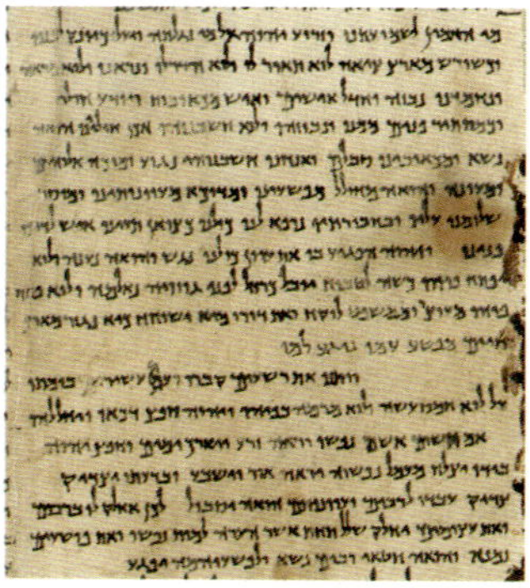

▲ 이사야 사해 문서

▲ 레닌그라드 코덱스[03]

구약성경은 종종 하나님과 이스라엘 백성 간의 관계에만 초점을 맞춘 역사로 오해할 수 있지만, 이는 구약성경의 전체적인 맥락을 제한적으로 보는 관점이다. 구약성경은 온 세상의 창조 이야기로 시작하여 궁극적으로 온 세상의 회복을 다루며, 하나님과 인류 전체의 관계를 조명하는 거대한 서사로 이해할 수 있다.

다시 말해, 구약성경은 하나님과 사람 사이 관계의 시작, 지속, 완성을 그리고 있다. 구약성경은 사람을 존엄하게 창조하고 관계를 시작한 진리의 하나님, 언약을 통해 사람과의 관계를 지속하는 정의의 하나님, 그리고 영원한 신실함으로 관계를 완성하는 사랑의 하나님을 인류 역사를 통해 선명하게 그려낸다. 그리고 구약성경은 이 관계 속에서 하나님의 모습을 닮아 하나님을 사랑하고 이웃을 사랑하라고 가르친다.

그러면 진리, 정의, 사랑의 개념을 토대로 하나님과 사람의 관계의 시작, 지속, 완성을 그리고 있는 구약성경의 파노라마 속으로 들어가 보자.

2. 진리의 하나님 - 창조: 관계의 시작

구약성경에서 진리에 해당하는 히브리어 단어는 '에메트'이다. 이 단어는 단순히 추상적인 진리만이 아닌, 신실한 성품을 의미한다. 구약성경에서 진리는 사변적 개념이 아니라 실천적이며, 하나님의 진리는 신실한, 곧 변함이 없는 하나님의 속성을 드러낸다. 이러한 맥락에서, 우리는 자연스럽게 '하나님은 누구에게 변함이 없을까?'라는 질문을 떠올릴 수 있다. 다시 말해, 하나님의 진리는 관계적 의미를 지닌 용어이다.

진리의 하나님의 첫 사역은 바로 '창조'이다. 구약성경의 첫 책인 창세기의 첫 장은 하나님이 사람과 자연을 창조한 이야기로 시작한다. 이는 모든 관계를 하나님이 직접 시작했음을 의미한다. 또한, 하나님의 창조는 사람의 존엄성과 자연의 존엄성을 말하고 있다.

1) 사람의 존엄성

하나님과 사람의 관계는 하나님이 사람을 창조함으로 시작한다. 창세기 1장 27절은 "하나님이 당신의 형상대로 사람을 창조하셨으니, 곧 하나님의 형상대로 사람을 창조하셨다. 하나님이 그들을 남자와 여자로 창조하셨다"고 말한다. 이 구절은 구약성경이 사람을 바라보는 관점을 분명히 드러낸다. 하나님이 사람을 자신의 형상대로 창조한 이유는 단순한 존재의 창조를 넘어, 하나님이 시작한 관계 속에서 사람과 인격적인 교제를 이어가기 위함이다.

이는 고대 근동의 창조 설화와 극명한 대조를 이룬다. 예컨대, 고대 근동의 대표적 창조 설화인 '에누마 엘리시'에서는 사람이 야만종으로 불리며, 신들의 노동을 대신하기 위해 창조되었다고 말한다.[04] 이러한 맥락에서 사람은 인격적 존재로 보기 어렵고, 신들과 사람의 관계는 한낱 주인과 노예의 관계에 가깝다고 볼 수 있다. 또한, 고대 근동 문화에서 신의 형상이라는 개념은 오직 왕에게만 적용되었다. 이는 왕이 신들과 백성 사이의 중재자 역할을 하며, 왕과 백성 사이에 계급이 존재함을 상징한다.

반면, 구약성경은 이와는 전혀 다른 인간관을 제시한다. 하나님이 남자와 여자 모두를 하나님의 형상(신의 형상)대로 창조했다고 선언한다. 이는 모든 사람이 왕과 같이 존엄하고 귀중한 존재임을 의미하며, 사람 사이에 어떠한 차별도 정당화될 수 없음을 강조한다.

고대 이스라엘 역시 고대 근동의 한 문화권에 속했으며, 주변 문화와 사상에 영향을 주고받았다. 그러나 사람에 대한 관점만큼은 철저히 독특하다. 사람을 하나님의 형상대로 창조했다는 성경적 관점은 구약성경 전반에 걸쳐 나타나는 하나님과 사람의 관계를 이해하는 근본적인 사상을 형성한다. 이는 하나님이 신실한 관계의 창조자임을 나타내며, 사람을 단순한 피조물이 아닌, 하나님과 인격적 관계를 맺는 존엄한 존재로 창조했음을 의미한다.

그렇다면 하나님의 형상 즉 존엄한 존재로 창조된 사람은 하나님의 또 다른 피조물인 이웃과 자연과는 어떤 관계 속에 있을까?

2) 이웃과 자연의 존엄성

사람이 하나님의 형상대로 창조되었다는 말은 나 자신뿐만 아니라 다른 사람도 하나님의 형상대로 창조된 존엄한 존재임을 의미한다. 이웃과의 관계에서 존중과 평등이 기초가 되어야 하며, 이웃과의 관계를 권력과 지배의 관계가 아닌 상호적인 사랑과 섬김의 관계로 바라보아야 한다. 특히 구약성경은 사회적 약자를 사랑으로 돌보라고 강조한다.

구약성경은 자연 또한 하나님이 창조한 피조물임을 선포한다. 그렇다면 사람과 자연은 어떤 관계에 있어야 할까? 창세기 1장 28절은 "하나님이 그들(사람)에게 복을 베푸셨다. 하나님이 그들에게 말씀하시기를 생육하고 번성하여 땅에 충만하여라. 땅을 정복하여라. 바다의 고기와 공중의 새와 땅 위에서 살아 움직이는 모든 생물을 다스려라"라고 말한다.

이 구절에서 등장하는 '정복하라'와 '다스리라'라는 단어는 자칫 물리적 지배나 강압적 통치의 의미로 오해될 수 있다. 그러나 성경의 맥락에서 이 표현은 그와는 다른, 훨씬 깊은 책임과 의무를 내포하고 있다. 이는 하나님이 사람에게 부여한 청지기적 사명을 나타낸다. 하나님이 창조한 생명과 자연을 사랑과 존중으로 돌보고 보존하라는 책임을 뜻한다.

진리의 하나님은 사람을 하나님의 형상대로 존엄한 존재로 창조하면서 변함없는 관계를 시작했다. 이 진리는 나만 존엄한 존재가 아니라 이웃과 자연 역시 존엄한 존재임을 명시한다. 하나님과 나와의 인격적 관계는 이웃뿐만 아니라 자연과도 아름다운 인격적 관계로 확장되어야 한다.

하지만, 하나님과 사람의 인격적 관계가 언제나 아름다운 것만은 아니다. 사람 사이의 관계가 종종 틀어지듯이, 하나님과의 관계에서도 갈등을 경험할 수 있다. 이는 사람의 변심에서 비롯된다. 이 변심의 시작에 관해, 그리고 사람의 변심에도 불구하고 관계를 이어가는 정의의 하나님에 대하여 살펴보자.

3. 정의의 하나님 - 언약: 관계의 지속

1) 사람의 변심

창세기 3장은 사람의 첫 변심을 그리고 있다. 하나님은 아담과 하와에게 에덴동산의 모든 나무 열매를 자유롭게 먹을 수 있도록 허락했으나, 동산 중앙의 선악을 알게 하는 나무의 열매는 먹지 말라고 명했다. 그 이유는 정확히 알 수 없지만, 이는 하나님과 사람 사이의 관계에서 경계와 질서를 상징한다고 볼 수 있다. 관계의 파괴가 주로 상대방의 영역을 침범하거나 상대방을 자신의 지배 아래 두려는 시도에서 비롯되는 것을 고려하면, 인격적 관계를 위해 상호 간의 영역과 경계를 존중하는 것이 중요하다.

하와는 선악과를 먹으면 하나님과 같이 될 수 있다는 뱀의 유혹에 넘어가 선악과를 먹고, 이후 남편인 아담에게도 이를 건네어 그로 하여금 함께 먹게 한다. 굳이 스스로 신이 되고자 하지 않더라도, 사람은 하나님의 형상대로 창조된 위대한 존재이다. 사람이 신이 되고자 하는 욕망과 신을 자신의 의지에 따라 통제하려는 태도는 하나님과의 인격적 관계를 단절하는 원인이 된다.

기독교에서는 이러한 인격적 관계를 깨뜨린 사람의 변심을 죄라 부른다. 이 죄는 끊이지 않고, 결국 사람은 신보다 자신의 이름을 더 드높이기 위해 바벨탑을 쌓는다(창세기 11장). 하나님의 형상대로 창조된 것을 망각할 뿐만 아니라 창조주 하나님을 거부한다.

인격적 관계를 깨뜨린 사람과의 관계를 지속할 이유가 없지만, 하나님은 정의의 하나님이기에 사람과의 관계를 포기하지 않는다. 정의에 해당하는 히브리어 단어는 '미쉬파트'로, 이 단어는 하나님의 공의로운 성품을 표현한다. 하나님의 정의에는 두 가지 의미가 내포되어 있는데, 첫째는 자신이 시작한 그 관계를 스스로 깨지 않는다는 의로움이고, 둘째는 사람과의 관계에서 질서를 유지하는 공의이다. 하나님의 정의는 사람과 맺는 '언약(약속)'의 관계를 통해 명확하게 드러난다.

2) 언약(약속)

언약은 하나님과 이스라엘 백성 간의 공식적이고 인격적인 합의로, 상호 간의 의무를 성실히 이행할 것을 약속하는 내용을 담고 있다. 구약성경에서 '언약을 맺다'는 표현에 사용된 히브리어 단어는 '브리트'이며, '맺다'를 의미하는 히브리어는 '카라트'이다. '카라트'는 원래 '자르다'를 뜻하는데, 이를 직역하면 '언약을 자르다'가 된다.

이러한 표현의 배경을 이해하기 위해 기원전 18세기경의 마리(Mari) 왕국 문서를 살펴보면, 사람들이 약속을 체결할 때 나귀를 자르고, 그 사이를 지나가는 관습이 있었다. 이는 약속을 어길 경우 자신이 그 나귀처럼 될 수 있음을 상기시키는 의식으로, 생명을 걸고 약속을 지키겠다는 결의를 나타내는 행위였다.[05] 이러한 관습은 구약성경에서도 하나님과 사람 사이의 언약에서 유사하게 나타나며, 언약이 단순한 약속을 넘어 생명을 담보로 하는 신성한 합의임을 강조한다.

그러면 약속은 무엇을 의미하는가? 언약 관계에서 사람이 지켜야 할 책임은 무엇일까? 앞서 언급한 것처럼, 사람은 하나님의 형상대로 창조된 존재로서, 하나님과의 인격적 관계 속에서 하나님을 사랑하며, 이웃과 자연의 존엄성을 인식하고 이를 바탕으로 이웃과 자연을 사랑으로 대하는 것, 사회적 약자를 돌보는 것이다.

사람의 변심에도 불구하고, 창세기 12장에서 하나님은 아브라함을 선택하고, 하나님의 언약은 아브라함과의 관계에서 구체화된다. 하나님은 땅의 모든 족속이 아브라함을 통해 복을 받을 것이라고 약속한다. 이 선택은 아브라함 개인의 능력이나 자격이 아니라, 하나님이 시작한 관계를 끝까지 책임지는 하나님의 정의에 기초한다. 땅의 모든 사람이 복을 받는다는 약속은 이스라엘 백성만이 아닌, 모든 인류가 하나님과 친밀한 관계 안에서 살아가게 될 것을 의미한다.

이러한 약속에도 불구하고, 아브라함의 초기 행적을 살펴보면 하나님과의 언약 관계에 충실했다고 보기는 어렵다. 하지만 아브라함이 위기에 처하거나 하나님의 약속을 의심하는 순간마다 하나님은 개입해서 아브라함을 보호하고 언약 관계를 유지했다. 그리고 결국 아브라함은 하나님의 약속에 믿음으로 반응한다. 하나님은 끈질긴 기다림과 인내로 자신이 시작한 언약을 지킨다.

창세기 12장부터 구약성경의 마지막 책인 말라기의 마지막 장까지, 이러한 패턴이 이스라엘 역사 속에서 반복된다. 하나님은 항상 이스라엘과의 언약 관계를 지키지만, 이스라엘 백성은 반복적으로 그 관계를 깨뜨린다. 하나님이 아닌 다른 우상들을 섬기고, 이웃과 사회적 약자를 사랑으로 대하기는커녕 온갖 부정직하고 부조리한 일을 저지른다. 하지만 하나님은 끊임없이 이스라엘 백성을 다시 언약의 관계로 이끌기 위해 노력한다. 이러한 반복적인 패턴은 하나님이 언약을 신실하게 지키는 분임을 강조하며, 사람의 불완전함 속에서도 하나님의 약속은 변함이 없다는 것을 보여준다.

여기서 한 가지 주의할 점이 있다. 하나님이 사람과의 약속을 신실하게 지킨다는 것은 사람이 약속을 어기거나 잘못된 행동을 했을 때 이를 간과한다는 의미가 아니다. 하나님은 정의의 하나님이고, 언약은 생명을 걸고 맺는 신성한 약속이기에 그에 따른 책임이 요구된다. 실제로 이스라엘 백성이 하나님을 떠나 우상을 섬기고, 이웃에게 폭력을 행사했을 때, 하나님은 아시리아나 바빌로니아와 같은 다른 나라들을 사용해서 이스라엘 백성을 훈계했다. 당연히 그 목적은 언약 관계를 지속하기 위함이다.

지금까지 사람을 존엄하게 창조하며 관계를 시작한 진리의 하나님, 언약을 통해 사람과의 관계를 지속하는 정의의 하나님을 살펴보았다. 그러면 도대체 사람의 변심에도 불구하고, 사람과의 인격적 관계를 지속하는 그 원동력은 무엇일까? 바로 하나님의 사랑이다.

4. 사랑의 하나님 - 헤세드: 관계의 완성

히브리어에서 하나님의 사랑을 가장 잘 대변하는 단어는 '헤세드'인데, 자비, 긍휼, 인애 등의 의미를 지닌다. 이 단어 또한 관계적 용어로서, 사람을 향한 하나님의 변치 않는 사랑을 의미한다. 헤세드의 하나님이기에 사람의 변심에도 불구하고, 사람과의 인격적 관계를 지속한다. 이스라엘 역사 가운데 많은 사건이 있지만 하나님의 사랑을 드러내는 두 주요 사건이 있다. 첫째는 출애굽 사건이고, 둘째는 나라가 멸망해 포로로 끌려간 후 다시 자신의 땅으로 귀환하는 사건이다.

1) 출애굽 사건

아브라함의 손자인 야곱 시대에 이스라엘 지역에 극심한 기근이 닥

치면서, 야곱과 그의 가족은 당시 나일강 문명을 중심으로 번영하던 이집트(애굽)로 이주하게 된다. 그로부터 약 400년 후인 기원전 13세기 무렵 이집트의 왕은 이스라엘 백성을 억압하며 그들을 가혹하게 대한다. 이러한 타향살이와 이방 나라에 지배당하는 상황을 보면 하나님의 언약이 끊어진 것처럼 보인다. 하지만, 하나님은 자신의 언약 백성의 고통을 보고 듣고, 그 당시 강국이었던 이집트 왕국으로부터 이스라엘 백성을 구출한다.

하나님의 도움은 백성들이 어떤 공로나 행위를 통해 얻어지는 것이 아니다. 이는 오직 하나님의 은혜와 사랑, 그리고 그가 맺은 언약에 근거한 것이다. 고대 근동의 신관에서는 대개 신에게 제물을 바치거나 의식을 행함으로써 원하는 결과를 얻으려 했다. 예를 들어, 가나안 민족은 풍요의 신인 바알에게 제물을 바쳐 풍성한 수확을 기대했다. 그러나 구약성경에 나타난 하나님은 그러한 방식과는 전혀 다르다. 하나님의 도움은 인간의 행위에 대한 대가가 아니라, 하나님의 은혜와 사랑에서 비롯된 것이다.

하나님의 인도함은 단순히 이스라엘 백성을 이집트에서 구출하는 일시적인 도움으로 끝나지 않는다. 하나님의 사랑은 이스라엘 백성이 약속의 땅인 가나안 땅으로 들어갈 때까지 함께 한다. 하나님은 은혜와 사랑으로 그들과 함께하며, 보호한다. 사랑(헤세드)의 하나님이기에 이스라엘 백성과 맺은 언약에 신실하고 변함이 없다.

2) 페르시아 시대의 귀환 사건

이스라엘은 기원전 11세기에 왕정을 수립하였으나, 기원전 10세기에 북쪽의 이스라엘(북이스라엘)과 남쪽의 유다(남유다)로 분열되었다. 이 분열 왕국 시대 동안 북이스라엘은 기원전 8세기에 아시리아 제국에 의해 멸망한다. 남유다는 기원전 6세기 초 바빌로니아 제국에 의해 무너지고, 백성들은 포로로 끌려간다. 그 이후 기원전 6세기 말 바빌로니아 제국은 페르시아 제국에 의해 무너진다.

페르시아 제국이 들어선 직후, 이스라엘 백성을 향한 하나님의 사랑이 다시 한번 드러난다. 하나님의 섭리 가운데 페르시아의 키루스 왕(Cyrus the Great, 559~530 BC 재위)은 이스라엘 백성이 자신들의 땅으로 돌아가는 것을 허락하였고, 이들은 스룹바벨과 예수아의 지휘 아래 귀환하게 된다. 페르시아 땅에서의 포로 생활을 마치고 고향으로 돌아가는 이 귀환은 마치 두 번째 출애굽과도 같다. 이는 하나님의 언약과 인도함을 통해 이루어진 구원의 역사가 어떤 상황에서도 끊어지지 않음을 보여주는 사건이다. 이는 곧 하나님의 헤세드, 즉 변함없고 신실한 사랑과 자비 때문이다.

3) 하나님 사랑, 이웃 사랑

하나님은 사람과 변함없는 사랑(헤세드)으로 관계를 맺었다. 사람은 하나님과의 관계에서 변함없는 사랑을 보여줄 순 없지만, 그래도 하나님을 사랑하기 위해 노력해야 할 것이다. 그렇다면 이웃에게는 어떤 태도를 보여야 할까? 구약성경은 이스라엘 백성이 하나님으로부터 받은 그 사랑을 주변 이웃에게 전하라고 가르친다. 특히 구약성경은 이스라엘 백성에게 특히 사회적 약자인, 고아, 과부, 나그네를 사랑으로 돌보라고 가르친다. 이러한 책임을 소홀히 한 이스라엘 백성은 강하게 비판받기도 한다.

이웃을 사랑하라는 강령은 단순한 도덕적 요구를 넘어선다. 이는 하나님이 이집트에서 사회적 약자로 고통받던 이스라엘 백성을 사랑으로 구원한 역사적 사실에 기반하고 있다. 하나님의 사랑과 은혜로 구원

받은 이스라엘 백성은 그 은혜에 응답하여 이웃을 사랑으로 대해야 함이 당연하다.

나오는 말

구약성경은 하나님과 사람 사이 관계의 시작, 지속, 완성을 그리고 있다. 구약성경의 하나님은 사람을 존엄하게 창조하며 관계를 시작한 진리의 하나님, 언약을 통해 사람과의 관계를 지속하는 정의의 하나님, 그리고 영원한 신실함으로 관계를 완성하는 사랑의 하나님이다.

구약성경은 사람이 하나님의 형상대로 창조되었다고 말한다. 이 뜻은 사람이 하나님의 성품을 닮아갈 수 있다는 말이다(imitatio dei). 하지만 사람이 정말 앞서 말한 진리의 하나님, 정의의 하나님, 사랑의 하나님을 닮을 수 있을까? 하나님과의 관계에서 변함없을 수 있을까? 하나님이 사람을 사랑하는 것처럼, 이웃을 사랑할 수 있을까? 불가능에 가깝다. 당연히 이스라엘 백성도 실패한다. 하나님은 언제나 사람을 변함없이 사랑하지만, 사람은 하나님에게도 이웃에게도 그런 사랑을 베풀지 못한다.

하지만 하나님은 사랑으로 사람과의 관계를 끝까지 완성하는 분이다. 그리고 그 사랑을 완성하기 위해, 예수 그리스도를 이 땅에 보낸다. 하나님을 사랑하고 이웃을 사랑하는 모습은 예수의 가르침과 삶을 통해 완성된다. 이제 사람은 예수의 제자로 살아가며 하나님과 이웃과 참된 사랑의 관계 속으로 들어갈 수 있다. 구약성경에서 차마 못다 한 이 좋은 소식은 신약성경에서 이어진다.

구약성경은 오래전에 쓰이긴 했지만, 박물관에만 보존되어 있는 과거의 고서가 아니다. 구약성경은 나를 창조한 하나님에 관한 이야기며,

현재 지금을 살아가는 우리를 돌보는 하나님에 대한 기쁜 소식이다. 하나님, 이웃, 그리고 자연과 함께 사랑의 관계 속에서 살아가도록 이끄는 이야기다. 구약성경과 친해지면서, 진리의 하나님, 정의의 하나님, 사랑의 하나님과 친밀해지고, 그로 인해 내 이웃과 사랑을 나누는 계명인이 되기를 소망한다.

생각 나누기

01

구약성경은 하나님이 이 세상과 사람을 창조한 이야기로 시작한다. 그렇다면 고대 근동의 문화와 비교했을 때, 구약성경이 바라보는 사람에 대한 독특한 관점은 무엇인지 생각해 보자.

02

구약성경에서 하나님과 사람의 인격적인 관계는 사람의 변심으로 깨진다. 하나님은 언약(약속)을 통해 이 깨어진 관계를 지속하는데, 고대 근동 문화 안에서 언약의 의미를 이해해 보자. 그리고 하나님과의 언약 관계에서 사람이 지켜야 할 책임은 무엇인지 생각해 보자.

03

구약성경에서 하나님의 사랑을 나타내는 이스라엘 역사 가운데 일어난 주요 사건 두 가지는 무엇인가? 이 두 사건을 통해 드러나는 하나님 사랑의 특징과 이를 통해 우리가 배울 점이 무엇인지 생각해 보자.

2장

신약성경 이야기

2장

신약성경 이야기

들어가는 말

기독교는 2천여년 전 팔레스타인의 나사렛 지역에서 발생하여 오늘날 전 세계 인구의 1/3이 믿고 있는 종교다. 기독교는 처음에 로마의 박해를 받았으나 이후 로마 제국의 국교가 되었다. 시간이 지나면서 서양의 지배적인 종교가 된 기독교는 서양의 정치, 경제, 사회, 문화에 막강한 영향력을 행사했다. 기독교는 근대 서양의 세계 진출과 맞물려 아시아, 아프리카, 남아메리카 등 전 세계적으로 전파되었고, 서양의 종교라는 면모를 넘어 전세계적인 종교가 되었다.

이러한 세계 종교인 기독교의 경전은 성경이다. 성경은 구약성경과 신약성경으로 구성되어 있다. 구약성경은 신약성경의 기본적인 세계관을 제공하며 가장 중요한 역사적 종교적 배경이 된다. 구약성경에서 신약성경으로 넘어가는 가운데 대략 400여년에 걸친 '신구약 중간기'가 있으며, 이 시기의 유대교도 신약성경에 영향을 주었다. 이 시기의 유대교를 '제 2성전기 유대교(second temple Judaism)'라고 하기도 하고, '초기 유대교(Early Judaism)'라고 하기도 한다.[06] 신약성경은 이 시기의 유대교의 영향을 많이 받았으며, 그 중에서도 묵시문학의 영향을 많이 받았다.

신약성경의 배경에는 유대적 배경만 있는 것이 아니다. 신약성경은 알렉산드로스 및 알렉산드로스 사후의 장군들이 세운 헬라 제국들에 의한 헬라 문화의 영향을 반영하고 있으며, 로마 제국의 영향력도 반영되어 있다. 그러므로 신약성경의 배경을 이해하기 위해서는 유대적, 헬라적, 로마적 배경을 잘 이해해야 한다. 유대적 배경은 종교적 측면에서, 헬라적 배경은 문화적 측면에서, 로마적 배경은 정치적 측면에서 주로 큰 영향을 미쳤다.

1. 신약성경의 구성

신약성경은 크게 복음서, 사도행전, 서신서, 요한계시록으로 나누어진다. 복음서는 신약성경의 토대가 되는 책들로 예수의 삶과 가르침, 죽음과 부활의 내용을 담고 있다. 사도행전은 예수의 제자들인 사도들의 활동상을 기록한 책으로 초기 기독교가 어떻게 생성되고 전파·확장되었는가를 보여준다. 서신서는 사도들의 서신 모음이다. 당시에는 주된 통신 수단이 서신이었기에 사도들은 서신을 이용했고, 이들 중 다수가 남아서 신약성경의 서신서로 편입되었다. 요한계시록은 신약성경에 있는 유일한 묵시문학으로 세상의 마지막 일들을 내용으로 한다.

<신약성경의 구성>

<table>
<tr><td rowspan="2">복음서</td><td rowspan="2">사도행전</td><td colspan="2">서신서</td><td rowspan="2">요한계시록</td></tr>
<tr><td>바울서신</td><td>일반서신</td></tr>
</table>

2. 복음서

신약성경의 첫머리를 장식하는 네 권의 복음서(마태복음서, 마가복음서, 누가복음서, 요한복음서)는 예수의 생애와 가르침을 중심으로 전해지는 기독교의 핵심 문서이다. 복음서라는 단어의 어원인 '유앙겔리온(εὐαγγέλιον, Good News)'은 기쁜 소식을 의미하며, 이는 예수 그리스도를 통한 하나님의 구원 계획을 담고 있다. 기쁜 소식은 승전보나 해방의 소식과 같은 그러한 소식을 말한다. Good News는 좋은 소식(good news)이며, 새로운 소식(news)이다.[07] 복음서 저자들에 의하면 예수 이야기가 그러한 기쁘고 좋은 새로운 소식이다. 이들 복음서는 역사적 서사와 신학적 해석이 결합된 형태로, 각 저자들이 예수를 다양한 관점에서 조명하며 동일한 사건을 서로 다르게 기록함으로써 예수의 다면적 정체성을 드러낸다.

복음서에 기록된 예수의 생애는 수태고지(受胎告知, Annunciation), 성탄, 세례, 사막에서의 시험, 공생애, 최후의 만찬, 십자가 처형, 부활 등의 내용으로 구성되어 있다. 예수의 공생애의 기간 중에 중요한 활동은 선포, 가르침, 치유로 요약될 수 있다.

> 예수께서 온 갈릴리에 두루 다니사 그들의 회당에서 가르치시며 천국 복음을 전파하시며 백성 중의 모든 병과 모든 약한 것을 고치시니(마태복음서 4장 23절)

복음서의 주요한 주제는 예수와 예수가 선포한 하나님의 나라, 그리고 제자도다. 복음서 이야기는 한 가지의 '큰 질문(Big Qustion)'으로 수렴된다. 그것은 바로 '예수는 누구인가?'라는 질문이다. 복음서 이야기는 이러한 예수의 정체에 초점이 맞추어져 있다.

예수가 전한 메시지의 핵심은 하나님의 나라이다. 하나님의 나라는 진리와 정의와 사랑의 나라다. 동시에 예수가 전한 하나님의 나라는 자유와 평등과 박애의 나라다. 복음서에서 예수는 '대자유인(大自由人)'으로 나타나며 참 자유를 가져다주는 분으로 이야기된다. 복음서에는 바리새인, 서기관, 사두개인 등 유대교 지도자들과 예수 간의 긴장이 반복적으로 나타난다. 유대교 지도자들이 율법의 경계를 엄격히 지키고자 했다면(Guarding Boundaries), 예수는 그 경계를 초월하며 율법의 정신을 새롭게 해석하고 실천하였다(Crossing Boundaries).[08] 이러한 예수의 행보는 '대자유인'의 면모를 보여준다.[09] 예수가 전한 하나님의 나라의 장은 식탁교제에 있었다. 그리고 그 식탁교제는 평등한 식탁교제였었다. 예수는 또한 가난한 사람들을 위한 복음을 전했다. 예수는 나누는 삶을 전했으며, 가난한 자들을 위한 박애와 자선을 강조했다.

복음서에는 '예수의 제자가 된다는 것은 무엇을 의미하는가?'라는 제자도의 주제가 핵심적으로 들어가 있다. 예수의 제자됨에는 방랑의 제자도, 평등의 제자도, 식탁의 제자도, 지성의 제자도가 포함되어 있다.[10] 복음서에서 열두 제자와 그 외의 추종자들은 예수를 따르면서도 여러 번 실족하고 배반한다. 제자도에 있어서 실족의 위기는 항상 존재한다.[11] 그러나 예수는 부활 후에도 그들을 회복시키며 제자도의 본질을 다시 가르친다.

복음서에 있는 예수의 가르침을 보면, "심원한 낙관주의"를 발견할 수 있다.[12] 예수는 제자들에게 두려워하지 말며 염려하지 말고 살 것을 가르쳤다. 예수는 산상설교에서 다음과 같이 가르친다.

> 그러므로 내가 너희에게 이르노니 목숨을 위하여 무엇을 먹을까 무엇을 마실까 몸을 위하여 무엇을 입을까 염려하지 말라 목숨이 음식보다 중하지 아니하며 몸이 의복보다 중하지 아니하냐 공중의 새를

> 보라 심지도 않고 거두지도 않고 창고에 모아들이지도 아니하되 너희 하늘 아버지께서 기르시나니 너희는 이것들보다 귀하지 아니하냐(마태복음서 6장 25-26절)

모든 복음서는 예수의 수난과 십자가 처형을 주요 서사로 삼는다. 십자가는 당대 로마의 잔혹한 처형 도구였다. 그러나 복음서는 예수의 죽음에 대해 속죄적 의미를 부여한다. 동시에 예수는 십자가 위에서조차 원수를 용서하는 기도를 올리며 사랑과 용서의 가르침을 몸소 실천하였다. 복음서는 십자가 위에서 예수의 기도를 다음과 같이 전하고 있다. "이에 예수께서 이르시되 아버지 저들을 사하여 주옵소서 자기들이 하는 것을 알지 못함이니이다 하시더라"(누가복음서 23장 34절) 복음서의 신학적 중심에는 이러한 십자가의 신학이 자리 잡고 있으며, 이는 기독교 신앙의 핵심이다.

예수의 부활은 초기 유대교의 종말론적 전통 속에서 이해되며, 신약성경에서 더욱 강조된다. 빈 무덤과 부활을 경험한 제자들의 증언은 예수의 신성을 확증하고, 죽음을 초월하는 구원의 희망을 제공한다. 부활은 기독교 신앙의 근본 사건이자 묵시적 희망의 사건으로서, 죽음을 넘어선 생명의 승리를 상징한다.

복음서는 예수의 생애와 가르침을 다양한 각도에서 조명하여 기독교 신앙의 기초를 제공하는 신약성경의 근본문서다. 복음서는 예수의 생애를 단순히 기록하는 것에 그치지 않고 예수의 생애를 통해 신학적 메시지를 전파한다. 복음서를 통해서 전해진 예수의 이야기와 그 핵심적인 신학적 메시지, 즉 하나님의 나라의 복음은 세계사에 큰 영향을 끼쳤고, 그 영향력은 오늘날까지 이어지고 있다.

3. 사도행전

사도행전은 신약성경에서 복음서와 서신서 사이에 위치한 독특한 문서로, 초기 기독교 공동체의 형성과 확장을 기록한 '신학적 역사서'로 간주된다. 사도행전은 예수 그리스도의 부활 이후 사도들의 사역과 성령의 활동을 다룬다. '보냄을 받은 자'를 의미하는 사도라는 용어처럼, 이 책은 예수의 제자들이 예루살렘을 시작으로 사마리아와 이방 세계, 그리고 로마까지 기독교를 전파하는 과정을 기술한다.

사도행전은 예수의 승천 직후 예루살렘에서 성령이 강림한 사건으로 시작된다. 오순절 성령 강림(사도행전 2장 1-4절)은 초대 교회의 탄생을 상징하며, 성령은 공동체의 통합과 복음 전파의 동력이 된다. 베드로의 설교를 통해 삼천 명이 회개하고 세례를 받음으로써 교회는 급격히 성장한다. 성령 강림은 교회의 출발점이자 기독교 공동체의 중심 원동력으로 작용한다.

초대 교회는 로마와 유대 지도자들로부터 박해를 받았으며, 스데반의 순교는 이러한 박해의 대표적 사건이다. 스데반은 사람의 손으로 지은 성전과 유대인들에 대한 비판적인 설교를 했으며, 그 결과 유대교 지도자들의 반감을 사서 순교의 길을 걷게 된다(사도행전 7장 55-56절). 순교 때 그가 보았던 '인자'[13]에 대한 환상은 그가 묵시적 신앙을 가지고 있음을 보여준다. 그의 죽음은 오히려 기독교 공동체의 확산을 촉진하는 계기가 되었다.

사울은 예수의 추종자들을 박해하던 인물이었으나, 다메섹 도상에서 부활한 예수를 만나는 체험을 통해 회심하고 바울로 불리게 된다(사도행전 9장 1-9절). 바울의 회심은 단순한 개인적 변화가 아닌, 이방인 선교를 위한 소명이기도 한 중요한 사건이었다. 이후 바울은 세 차례의 선교 여행을 통해 소아시아와 유럽 전역에 복음을 전파했다. 이는 기독교가 유대교의 틀을 넘어 세계 종교로 확장되는 계기가 되었다. 3번에 걸친 바울의 전도 여행은 서양의 역사와 세계사에 심원한 영향을 끼쳤다.

사도행전 15장에 기록된 예루살렘 회의는 초대 교회가 직면한 중요한 문제인 유대인과 이방인 신자의 관계를 다룬다. 회의에서는 이방인 신자들이 유대 율법을 따르지 않아도 구원받을 수 있다는 결정이 내려졌다. 이는 기독교가 유대교의 한 분파에 머물지 않고 독자적 정체성을 확립하는 데 중요한 전환점이 되었다. 베드로와 바울이 회의에서 이방인에 대한 관용과 수용을 주장함으로써, 복음의 보편성이 강조되었다. 이 회의는 교회가 신학적 갈등을 해결하고 하나의 공동체로 성장하는 데 중요한 역할을 했다. 사도행전을 유대교와의 연속성이라는 관점에서 해석하는 학자들은 사도행전 15장의 예루살렘 회의의 중요성을 강조한다. 그들은 예루살렘 회의를 사도행전에서 가장 중요한 사건으로 해석한다.[14]

사도행전은 바울이 로마에서 집을 빌려 2년 동안 복음을 전하는 장면으로 끝을 맺는다(사도행전 28장 30-31절). 이는 기독교 복음이 예루살렘에서 시작하여 로마에 이르기까지 확장되었음을 상징적으로 보여준다. 바울의 로마 체류는 기독교가 제국의 중심지까지 전파되었음을 나타내며, 이후의 교회의 역사를 예고한다.

사도행전은 초기 기독교 역사의 개척적이고 진취적인 면모를 보여준다. 이를 "승리주의적(triumphalistic)으로" 읽는 것이 과도하다고 할지라도,[15] 사도행전은 박해와 방해, 어려움 가운데서 하나님의 나라를 거침없이 전했던 사도들의 활동을 보여준다. 사도행전의 마지막 구절은 "하나님의 나라를 전파하며 주 예수 그리스도에 관한 모든 것을 담대하게 거침없이 가르치더라"(사도행전 28장 31절)이다. 여기에서 "거침없이"라는 말은 사도행전의 마지막에 위치한다.[16]

4. 서신서

신약성경에서 서신서는 초기 기독교 공동체의 신앙적, 윤리적 지침을 담은 문서로, 복음서와 사도행전 이후에 등장한다. 바울 서신과 일반 서신으로 구성된 이 문서들은 다양한 지역 교회에 보내져 그리스도인의 신앙과 삶을 형성하는 데 중요한 역할을 했다. 바울 서신은 신학적 교리를 체계적으로 정리하며, 공동 서신은 윤리적 삶과 공동체의 일치를 강조한다. 이러한 서신들은 초대 교회의 신학적 문제를 해결하고, 현대 기독교 신앙에까지 지속적인 영향을 미친다. 신약성경의 서신서는 바울 서신(13권)과 공동 서신(8권)으로 나눌 수 있다.

1) 바울서신

신약성경에는 총 13편의 바울 서신이 있다. 일반적인 바울서신(로마서, 고린도전후서, 갈라디아서, 데살로니가전후서), 감옥에서 쓴 옥중 서신(에베소서, 빌립보서, 골로새서, 빌레몬서), 목회서신(디모데전후서, 디도서) 등으로 분류될 수 있다. 바울 서신은 다음과 같은 특징을 가지고 있다.

하나님의 의

바울 신학의 중심에는 "하나님의 의"가 자리잡고 있다. 루터를 비롯한 개신교 전통에서는 바울이 말한 하나님의 의를 이신칭의(Justification by Faith)의 관점에서 이해했다. 이신칭의는 인간이 율법의 행위가 아닌 예수 그리스도를 믿음으로 의롭게 된다는 교리이다. 개신교에서는 바울의 서신에 이신칭의의 교리가 있다고 보았으며, 이를 바울 복음의 핵심으로 이해했다. 칭의라는 말은 믿는 자가 스스로 의를 가질 수 없으며, 예수 그리스도를 믿을 때 하나님이 그를 의롭다고 칭해준다는 의미이다. 이는 개신교가 믿음을 강조하게 되는 주요한 근거가 되었다. '바울에 관한 새 관점(The New Perspective on Paul)' 학파는 바울이 말한 '하나님의 의'를 '하나님의 언약적 신실함'으로 해석해야 한다고 주장하면서 하나님의 의의 언약적 측면을 강조한다.[17] 최근에는 하나님의 의를 '하나님의 정의(iustitia Dei)'라는 관점에서, 특히 '묵시적 정의'로 이해하려는 움직임이 있다. 바울의 복음은 정의의 복음으로서 정의와 자유와 연대와 확산을 가르치는 복음으로 해석된다.[18]

십자가 신학과 하나님의 연약함

바울의 신학에서 십자가는 주요한 초점이 된다. 바울은 일견 어리석어 보이는 십자가의 도가 "하나님의 지혜"이자 "하나님의 능력"이라고 주장한다. 십자가의 신학에서 하나님은 연약한 분으로 드러난다. 바울은 이미 회심의 시기에서부터 십자가에 못박힌 그리스도를 만났고 믿었을 뿐 아니라 십자가의 삶을 구현했다.

> 우리가 사방으로 욱여쌈을 당하여도 싸이지 아니하며 답답한 일을 당하여도 낙심하지 아니하며 박해를 받아도 버린 바 되지 아니하며 거꾸러뜨림을 당하여도 망하지 아니하고 우리가 항상 예수의 죽음을 몸에 짊어짐은 예수의 생명이 또한 우리 몸에 나타나게 하려 함이라(고린도후서 4장 8-10절)

바울에게서 믿음의 삶은 하나님께 신실했던 그리스도를 믿는 삶이며, 그리스도의 신실함은 십자가에서 극명하게 표현되었다. 신자의 믿음과 신실함은 그리스도의 믿음과 신실함을 본받는다. 이 믿음으로 사랑하며, 소망을 가지고 살아가는 것이 기독교인의 삶이다.

부활과 종말론: 묵시적 희망의 신학

신약성경의 여러 문서들처럼 바울서신도 유대적 배경과 묵시적 배경을 바탕으로 기록되었다. 베커(J. C. Beker)는 바울 사상의 일관된 중심을 그리스도 사건의 묵시사상적 해석에 의해서 구성된다고 주장했다.[19] 베커는 바울이 기독교인이 되기 이전 바리새인으로 살 때에도 묵시사상가였다고 본다. 최초의 바울서신이자 최초의 신약성경 문서인 데살로니가전서를 보면 이러한 성격이 강하게 나타나 있다. 데살로니가전서 1장 9-10절은 바울의 묵시적 복음의 요약문이다.

> 그들이 우리에 대하여 스스로 말하기를 우리가 어떻게 너희 가운데에 들어갔는지와 너희가 어떻게 우상을 버리고 하나님께로 돌아와서 살아 계시고 참되신 하나님을 섬기는지와 또 죽은 자들 가운데서 다시 살리신 그의 아들이 하늘로부터 강림하실 것을 너희가 어떻게 기다리는지를 말하니 이는 장래의 노하심에서 우리를 건지시는 예수시니라(데살로니가전서 1장 9절)

바울의 묵시적 복음은 마가복음에 나타난 예수의 종말론적 설교(마가복음서 13장)를 반영하고 있다. 데살로니가 교인들은 바울의 복음을 듣고 우상을 버리고 유일신 하나님을 믿게 되었으며 그의 아들 예수 그리스도의 부활을 믿고 재림을 대망하면서 살았다. 이러한 종말론적인 강조점은 바울의 결혼관에도 영향을 미쳤다. 바울은 종말의 때가 가깝고 환난이 임박해 있기 때문에 결혼을 하지 않은 사람은 결혼을 하지 않은 그대로 지내는 것이 좋겠다는 의견을 피력했다. 물론 결혼하는 것은 죄가 아니다. 그리고 바울은 아내 있는 자들은 아내 없는 자처럼 살라고 권했다(고린도전서 7장 29절). '마치 ~처럼(as if)' 살아가는 것이 묵시 종말론적 복음 가운데서 살아가는 삶이다. 특히 묵시 종말론적 복음의 핵심이 강조된 부분은 고린도전서 15장이다. 고린도전서 15장은 바울 서신에서 부활에 대해서 가장 상세하게 논의하고 있다. 이 단락은 바울 복음의 중심이라고 불릴만하다. 바울은 이처럼 부활의 희망과 기대 가운데서 살았다.

공동체 윤리와 사랑의 실천

바울 서신은 개인의 구원만을 다루는 것이 아니라, 공동체 안에서의 신앙적 삶을 강조한다. 고린도전서 13장은 사랑을 최고의 덕목으로 제시한다. 또한 로마서 12장에서는 서로 사랑하며 섬기는 공동체의 모습을 그리고, "악을 악으로 갚지 말고 선으로 악을 이기라"고 권고한다. 이러한 가르침은 기독교 공동체가 사랑과 용서, 화합을 중심으로 구성되어야 함을 강조한다. 후기 바울 서신인 목회 서신에서는 종말론적인 맥락이 약화되고 감독의 역할이 강조된다.

2) 일반 서신

일반서신은 히브리서,[20] 야고보서, 베드로전후서, 요한일이삼서, 유다서로 구성되며, 각각의 서신이 다양한 신학적 주제와 윤리적 가르침을 담고 있다. 이 서신들은 특정 공동체나 개인이 아닌 더 넓은 독자층을 대상으로 하여, 초대 교회의 다양한 문제와 도전을 다루고 있다.

히브리서

히브리서는 불안을 일으키는 사회에서 용기를 잃은 사람들, 영적인 소진으로 고통당하는 공동체를 위한 글이다. 히브리서는 이러한 불안과 탈진과 고통의 시기일수록 예수 그리스도의 본질로 되돌아가야 함을 역설한 서신이다. 히브리서는 예수 그리스도를 천사와 예언자보다 우월한 분이라 주장하며, 예수가 완전한 대제사장으로서 한 번의 제사로 영원한 구속을 이루었다고 선언한다(히브리서 9장 11-14절). 히브리서는 신자들에게 신앙의 성숙을 요구하며, 인내와 끈기를 가지고 믿음의 경주를 완주할 것을 권면한다.

야고보서

야고보서는 신약성경에서 유일한 지혜문학에 속한다. 행함 없는 믿음을 죽은 것으로 간주하며, 참된 믿음은 반드시 윤리적 행함으로 나타나야 한다고 강조한다. 그는 믿음과 행함이 상호 보완적 관계에 있음을 설파한다(야고보서 2장 18절). 야고보서는 특히 부자와 가난한 자의 관계에 대한 비판을 통해, 공동체 내에서의 평등과 정의를 강조하며, 이는 사회적 책임을 중요시하는 기독교 윤리의 기초를 제공한다. 야고보서의 사회비판은 예언자-묵시문학 전승의 영향을 드러낸다.

베드로전후서

베드로전서는 박해와 고난 가운데 있는 신자들을 위로하며, 고난을 그리스도의 고난에 동참하는 과정으로 이해한다. 베드로전서는 고난의 의미를 핵심적으로 다루는 서신이다. 그는 "너희가 부르심을 받은 것은 바로 이 때문이다. 그리스도께서도 고난을 받으셨고 너희에게 본을 남기셨다"(베드로전서 2장 21절)고 설명하며, 고난 속에서도 믿음을 지키는 인내와 순종의 중요성을 강조한다. 또한 비폭력적 태도와 겸손한 순종을 통해 사회적 갈등을 해소할 것을 권면하며, 기독교 윤리의 사회적 적용을 모색한다. 베드로후서는 종말의 지연에 대한 대답을 해 준다.

요한서신

요한일이삼서는 사랑과 진리를 강조한다. 요한일서는 "하나님은 사랑이심이라”(요한일서 4장 8절)라는 선언을 통해, 신앙의 본질이 사랑에 있음을 명확히 한다. 요한은 서로 사랑하는 것이 하나님을 아는 증거라고 가르치며, 그리스도인의 공동체가 사랑으로 하나 되어야 함을 강조한다. 또한 이단과 거짓 교사들에 대한 경계를 경고하며, 진리를 굳게 지킬 것을 촉구한다.

유다서

유다서는 거짓 교사들의 위험을 경고하며, 신자들이 믿음을 굳게 지키고 하나님의 사랑 안에 거할 것을 촉구한다. 이 서신은 하나님의 심판과 자비가 함께 있다는 점을 강조하며, 신자들이 그리스도의 복음 안에서 확고히 서야 한다고 권한다. 유다서는 에녹1서와 모세 승천기가 인용되고 있으며, 유대교 묵시문학의 전통에 서 있는 문헌이다.

5. 요한계시록

요한계시록은 신약성경의 마지막 책이자, 기독교 경전 중 유일한 본격적인 묵시문학 작품이다. 이 책은 사도 요한이 밧모섬에서 받은 계시로 구성되었으며, 당시 로마 제국의 박해 속에서 고난받는 교회에 위로와 희망을 전하는 목적을 갖는다. 요한계시록은 복잡한 상징과 비유, 환상적인 묘사를 통해 하나님의 궁극적 승리와 새로운 창조를 예고한다. 초대 교회에 대한 위로와 함께 하나님의 정의가 어떻게 실현될 것인지에 대한 신학적 통찰을 제공하며, 오늘날에도 종말론적 희망의 메시지로 해석된다.

요한계시록은 유대 묵시문학의 전통을 계승하면서도 독창적인 신학적 메시지를 전달한다. 묵시문학의 주요 특징은 천상적 계시를 통해 역사의 의미와 하나님의 구속 계획을 드러내는 것이다. 당시 초대 교회는 로마 제국의 박해와 황제 숭배의 압력에 직면해 있었으며, 요한계시록은 이러한 고난 속에서 신자들에게 하나님의 정의와 승리를 확신시킨다. 이는 단순한 미래의 예언이 아니라, 현재의 고난을 해석하고 종말의 희망을 선포하는 기능을 한다.

요한계시록은 하나님의 공의로운 심판을 강조한다. 일곱 인, 나팔, 대접 심판은 점진적으로 심화되는 하나님의 심판을 나타내며, 악에 대한 하나님의 최종적 심판을 선포한다. 이는 악의 세력이 결국 멸망하고, 하나님의 정의가 온전히 실현될 것임을 보여준다. 심판은 단순한 파괴가 아니라, 하나님의 구속 역사에서 악의 제거와 정의의 회복을 위한 필수적 단계로 제시된다(요한계시록 20장 11-15절).

요한계시록의 중심에는 어린 양, 즉 예수 그리스도의 승리가 자리한다. 어린 양은 그리스도의 희생적 사랑과 구속을 상징하며, 요한계시록 5장에서 "죽임을 당하였으나 다시 살아나신 어린 양"으로 묘사된다. 그리스도는 단순히 고난받는 자로서가 아니라, 궁극적으로 모든 악을 이기고 승리하는 왕으로 등장하며, 그 통치는 사랑과 정의에 기반한다. 그리스도의 승리는 폭력적 강압이 아닌, 자기 희생을 통해 이루어진다.

요한계시록의 절정은 새 하늘과 새 땅의 도래이다. 계시록 21장에서는 "새 예루살렘"이 하늘로부터 내려오며, 하나님이 그 백성과 함께 거하시고 모든 눈물을 닦아 주실 것이라고 약속한다(요한계시록 21장 1-4절). 이는 종말론적 희망의 절정으로, 인간의 고통과 죽음이 종식되고 영원한 평화와 생명이 주어질 것을 의미한다. 새 창조는 단순한 회복이 아니라, 완전히 새롭고 영원한 질서의 시작을 상징한다.

요한계시록은 하나님의 심판, 어린 양의 승리, 새 하늘과 새 땅의 도래를 통해 묵시 종말론적 희망과 신앙을 고취한다. 요한계시록은 고난 속에서도 믿음을 지키고 하나님의 승리를 확신하며 살아가도록 격려하는 중요한 신앙의 지침이 된다.

나오는 말

신약성경은 기독교 신앙의 핵심을 구성하는 경전으로, 예수 그리스도의 삶과 가르침, 초기 교회의 형성과 확산, 종말론적 희망을 체계적으로 제시한다. 복음서, 사도행전, 서신서, 요한계시록에 이르는 다양한 문서들은 각기 독특한 신학적 메시지를 담고 있으면서도, 예수 그리스도 안에서 이루어지는 하나님의 구원 역사라는 공통된 주제를 공유한다.

신약성경의 중심은 예수 그리스도의 구원 사역에 있다. 복음서는 예수의 생애와 가르침을 통해 하나님의 나라가 사랑과 정의, 용서와 화해를 통해 실현되는 모습을 보여준다. 예수는 율법의 경계를 넘어서 인간의 고통에 동참하고, 십자가와 부활을 통해 죄와 죽음을 이기는 구원의 길을 제시했다.

신약성경의 서신서, 특히 바울 서신과 공동 서신은 그리스도인의 신앙이 개인적 구원에 머물지 않고 공동체 속에서 실현되어야 함을 강조한다. 바울은 이신칭의를 통해 인간이 하나님의 은혜로 의롭게 된다고 선언하면서도, 그리스도인의 삶이 사랑과 섬김으로 드러나야 한다고 가르친다(고린도전서 13장, 로마서 12장). 야고보서는 믿음과 행함의 통합을 강조하며, 참된 믿음은 반드시 윤리적 실천을 동반한다고 주장한다.

요한계시록은 하나님의 궁극적 승리와 새 창조에 대한 종말론적 희망을 선포한다. 당시 로마 제국의 박해 속에서 고난받던 기독교 교회는 요한계시록을 통해 하나님의 정의와 승리를 확신하며, 고난 속에서도 인내와 믿음을 지켰다. 요한계시록이 제시하는 새 하늘과 새 땅의 비전은 궁극적으로 모든 눈물이 닦이고, 고통과 죽음이 사라지는 완전한 구원의 실현을 의미한다. 신약성경은 시대를 초월하여 인간의 구원과 삶의 본질을 탐구하며, 신앙의 여정을 지속하라는 초대의 메시지를 전달한다.

생각 나누기

01

초기 기독교는 로마 제국의 박해 속에서도 성장하여 결국 로마의 국교가 되었다. 로마 제국의 사회적·정치적 맥락에서 기독교가 어떻게 확산되었고, 그 과정에서 어떤 요소가 성공의 열쇠가 되었을까?

02

바울 서신과 예수의 가르침은 서양의 윤리와 법체계에 깊은 영향을 미쳤다. 기독교의 이신칭의나 사랑의 윤리가 현대 서양 사회의 도덕적 가치와 법에 어떻게 기여했을까?

03

신약성경의 이야기와 상징은 세계 문학과 예술에 깊이 스며들어 있다. 예를 들어, 단테의 『신곡』이나 레오나르도 다 빈치의 <최후의 만찬>과 같은 작품은 신약성경에서 어떤 영감을 받았을까?

3장

예수의 삶과 가르침

3장

예수의 삶과 가르침

들어가는 말

기독교 신앙의 중심에는 예수가 있다. 기독교는 예수를 그리스도, 하나님의 아들, 세상의 구원자로 믿는 종교이다. 이러한 기독교 신앙은 극심한 박해와 핍박에도 널리 퍼져 지금 기독교는 세계 3대 종교의 하나가 되었고, 이천 년 가량의 역사 동안 유럽을 비롯한 세계 여러 지역에 사상적, 문화적 영향력을 미쳐왔다. 이러한 영향력은 음악, 그림, 소설, 영화에서 쉽게 찾아볼 수 있을 뿐만 아니라 세계적으로 사용하고 있는 서력기원(B.C., A.D.)에서도 확인할 수 있다.

예수의 영향력은 이러한 기독교의 성장과 영향력만으로는 다 평가할 수 없다. 왜냐하면 예수의 영향력은 교회라는 담을 넘어 세계 역사 속에 지속되어 왔기 때문이다. 지금도 수많은 사람들은 예수를 위대한 성인 혹은 현자로 존경하고 있으며, 이러한 존경은 무신론자나 그에 가까운 사람들에게도 찾아볼 수 있다.[21] 특히 그가 남긴 인간에 대한 존중, 사랑, 평화와 같은 가르침은 세계 여러 나라들의 헌법을 비롯한 인권 조항, 자유와 평화 운동에 커다란 영향을 미쳤다.

그렇다면 예수의 그 무엇이 기독교라는 종교와 그 종교 너머까지 거대한 영향력을 행사하게 했을까? 여기에 대한 답은 예수가 어떤 삶을 살았으며, 어떤 가르침을 남겼는지를 살펴 보면 찾을 수 있을 것이다. 아래에서는 예수에 대한 가장 자세한 정보를 담고 있는 복음서 내용을 중심으로 예수의 삶이 어떠했는지, 예수의 가르침에는 어떤 것이 있는지 소개하고자 한다.

1. 탄생

예수의 탄생은 세상에 오신 구원자의 모습답게 신비하고 성스러운 장면으로 가득하다. 예수의 탄생을 기록한 마태복음서와 누가복음서는 모두 예수가 동정녀 마리아에게서 태어났으며, 그 탄생은 성령, 곧 하나님의 영의 역사로 인한 것이라고 보도한다. 이 이야기는 예수가 신적 기원을 가진 비범한 인물임을 알려준다.

역사적인 배경에서 보면 예수의 탄생은 매우 깊은 의미를 가지고 있다.[22] 예수가 태어났을 때는 지금으로부터 약 이천 년 전으로 이스라엘이 로마제국의 식민 통치하에 있던 때였다. 이 당시 유대를 비롯한 팔레스타인 지역은 로마제국의 식민 지배 뿐만 아니라 로마의 앞잡이 노릇을 하던 헤롯의 폭정으로 힘든 시기를 보내고 있었다. 이런 시절에 다윗의 고향이던 베들레헴에서 예수가 태어난 것이다(마태복음서 2장 1절 이하; 누가복음서 2장 1절 이하). 동방박사들이 예물을 들고 찾아와 예수를 경배했다는 것은 헤롯이 아니라 예수야말로 다윗의 뒤를 잇는 진정한 왕임을 말한다(마태복음서 2장 1절 이하).

하지만 예수의 탄생은 일반적인 비범한 인물의 탄생처럼 빛나고 화려한 장면으로만 채워져 있지 않다. 예수의 부모였던 요셉과 마리아는 인구조사로 인해서 베들레헴으로 가던 중 마땅히 아이를 낳을 곳을 찾지 못해 가축의 구유에서 예수를 낳았다(누가복음서 2장 1절 이하). 이 이야기 속에서 우리는 예수의 탄생이 담고 있는 특별한 신비를 보게 된다. 곧 지극히 높은 하나님의 아들이 가장 낮고 낮은 곳에 왔다는 것이다. 그는 마리아의 찬가(magnificat, 마그니피캇)가 보여주듯이 연약하고 비천한 자들에게 하나님의 사랑과 위로를 전할 것이다. 슬픔과 고통으로 얼룩진 세상에 마침내 하나님의 개입이 시작된 것이다.

2. 세례와 시험

예수의 공생애(공적 생애)는 세례 요한에게 세례를 받음으로 시작된다. 세례 요한은 예수 이전에 요단 강에서 회개의 세례를 주던 인물로 당시 많은 유대인들이 세례 요한에게 와서 세례를 받았다. 예수 역시 세례 요한에게 세례를 받았는데, 마태복음서 1장 10-11절은 다음과 같이 이 사건을 보도한다:

> 예수께서 물 속에서 막 올라오시는데, 하늘이 갈라지고, 성령이 비둘기같이 자기에게 내려오는 것을 보셨다. 그리고 하늘로부터 소리가 났다. "너는 내 사랑하는 아들, 기뻐하는 아들이다."

여기서 우리가 특별히 주목해야 할 부분은 성령의 임재와 하늘에서 들려온 음성이다. 성령의 임재는 구약성경에서 왕이나 제사장, 등 하나님의 특별한 사명을 위해서 부름을 받은 자들이 공적 사역을 수행하기

이전에 받는 기름부음에 비교해 볼 수 있다. 예수는 세례 때 성령의 부음, 곧 하나님의 영이라는 하나님의 특별한 권위와 능력을 받았다. 아울러 하늘에서 들려온 음성은 예수가 어떤 인물인지 그 정체성을 확실히 드러내준다. 예수는 하나님의 사랑받는 아들이며, 하나님이 기뻐하는 자이다.

예수를 향한 하늘의 음성은 한 인간에 대한 위대한 선포가 아닐 수 없다. 이 선포 뒤에 이어지는 예수의 여러 활동과 삶의 행적은 그가 실제로 하나님의 아들로서 하나님의 기쁨이 되는 삶을 살았음을 증거한다. 또한 이 선포 가운데 우리는 예수의 삶을 넘어 우리의 삶을 생각해 보게 된다. 우리는 과연 누구인가? 우리는 어디서 와서 어디로 가는가? 무엇이 우리의 삶의 이유, 목적이 되어야 할까? 이러한 질문들은 모두 우리의 삶을 더 의미있게, 든든하게 세우기 위해서 반드시 답을 찾아야 하는 중요한 질문들이다. 여기에 대해서 예수가 들었던 하늘의 음성은 우리 모두가 하나님의 사랑받는 아들, 딸임을 이야기하며, 우리 역시 존재만으로도 하나님의 기쁨이 된다는 것을 이야기한다. 예수가 세례 때 하늘에서 들려온 음성은 우리의 참된 정체성이 무엇인지, 우리가 어떤 존재인지를 알려주는 것이기도 하다.[23]

예수는 세례를 받은 후 광야에서 사탄에게 시험을 받았다(마태복음서 4장 1-11절). 이 시험은 예수가 광야에서 사십일 동안 금식한 후에 일어났다. 사탄의 시험과 예수의 응답을 대화로 구성해보면 다음과 같다:

> 사탄: 네가 하나님의 아들이라면, 이 돌들에게 빵이 되라고 말해 보아라.
>
> 예수: 성경에 기록하기를 '사람이 빵으로만 살 것이 아니라, 하나님의 입에서 나오는 모든 말씀으로 살 것이다' 하였다.
>
> 사탄: 네가 하나님의 아들이거든, 여기에서 뛰어내려 보아라. 성경

에 기록하기를 '하나님이 너를 위하여 자기 천사들에게 명하실 것이다' 그리고 '그들이 손으로 너를 떠받쳐서, 너의 발이 돌에 부딪치지 않게 할 것이다' 하였다.

예수: 또 성경에 기록하기를 '주 너의 하나님을 시험하지 말아라' 하였다.

사탄: 네가 나에게 엎드려서 절을 하면, 이 모든 것을 네게 주겠다.

예수: 사탄아, 물러가라. 성경에 기록하기를 '주 너의 하나님께 경배하고, 그분만을 섬겨라' 하였다.

여기서 눈에 띄는 것은 사탄의 시험 문구에 "네가 하나님의 아들이라면,..."이 반복된다는 점이다. 이 반복되는 표현은 예수의 시험의 주제가 무엇인지를 말해준다. 예수의 시험은 "하나님의 아들"됨을 확인하는 시험이었다. 예수는 하나님의 아들답게 사탄의 시험을 통과했고, 어떤 존재가 진정한 하나님의 아들로 불릴 수 있는지 보여주었다.

그렇다면 예수의 시험 기사의 의미는 무엇일까? 러시아의 대문호 도스토예프스키는 〈카라마조프가의 형제들〉이라는 소설에서 "대심문관 이야기"라는 극시를 통해 예수의 시험 이야기의 의미를 이야기한 바 있다. 이 극시의 배경은 16세기 스페인의 교회이다. 이 교회의 지도자가 바로 대심문관으로 구십 세에 가까운 추기경이다. 이 대심문관이 이단에 빠진 사람들을 처형하고 있을 때 예수가 다시 나타나는데, 예수를 알아 본 대심문관은 자신을 방해하지 못하도록 예수를 감옥에 가둬버린다. 이후 이어지는 대화 가운데 대심문관은 인간이 가진 한계를 이야기하며, 예수가 사람들에게 주고자 했던 자유를 누릴 수 있는 자는 소수 밖에 없다고 이야기한다. 예수가 사단으로부터 거부한 기적, 신비, 권위가 없으면 사람들은 모여들지도 않고, 자유를 준다고 해도 거부한다는 것이다. 그래서 자신은 나름대로 이런 사정을 고려하여 기적, 신비, 권위로 교회를 잘 이끌어왔다는 것이다. 이 극시는 예수가 대심문관에게 키스를 하고 떠나가는 장면으로 마무리된다.[24]

예수의 세례가 예수라는 한 인물의 영역을 넘어 우리 모두에게 질문을 던지듯이 예수의 시험 역시 우리 모두에게 말을 건다. 예수가 마주했던 세 가지 시험은 생각해 보면 인간이 세상을 살아가면서 받는 대표적인 유혹을 반영한다. 그리고 인간이 종교 지도자를 비롯한 통치자에게 어떤 어리석은 기대를 가지고 있는지 보여준다. 반대로 예수가 사탄에게 한 답변은 모든 인간이 추구해야 할 궁극적 가치가 무엇인지를 알려준다. 인간은 결코 먹을 것이 충분하다고 행복을 누리는 존재가 아니다. 신비한 능력도, 권력도 좋아 보이지만 잘못하면 자신의 삶도, 다른 사람의 삶도 망가뜨릴 수 있다. 바로 대심문관처럼 말이다.

3. 하나님의 나라 선포와 활동

예수가 공생애 동안 전하고 가르친 것은 하나님의 나라에 대한 것이었다. 마가복음서 1장 15절에 따르면 예수의 첫 선포는 다음과 같다: "때가 찼고 하나님의 나라가 가까이 왔으니 회개하고 복음을 믿으라." 이 마가복음의 기록에 따르면 예수는 복음, 곧 기쁜 소식을 전했고, 그 중심에는 가까이 온 하나님의 나라가 있었다.

그렇다면 하나님의 나라[25]는 무엇을 말하는가? 여러 가지 해석이 있지만 예수의 하나님의 나라 선포를 이해하는 데 있어서 중요한 것은 구약성경에서 이야기하는 하나님의 왕적 통치이다. 구약성경에 따르면 하나님은 이 세상의 창조주로서 이 세상을 다스리시는 왕이시다. 물론 사울과 다윗을 거치면서 왕정, 곧 왕이라는 하나님의 대리자가 세상을 다스리는 시대가 시작되었지만 하나님은 여전히 왕으로 고백되었다. 특히 예수의 하나님의 나라 선포와 관련해서 이사야가 말한 복음, 곧 기쁜 소식을 전하는 자에 대한 언급은 매우 중요하다. 하나님의 대리자인 여러 왕들이 하나님의 뜻대로 세상을 다스리지 못하고, 종교 지도자들이 온갖 불의와 부정 가운데 살던 시대에 이사야는 장차 복음을 전할 자가 나타날 것이라 예언했다. 그 복음의 내용은 다름이 아닌 "하나님께서 다스리신다"(이사야 40장 10절; 52장 7절)는 것이었다.

여기서 기억해야 할 것은 하나님의 나라는 하나의 고정된 특정한 장소만을 가리키지 않는다는 점이다. 오히려 하나님의 나라는 하나님의 왕권, 통치가 온전히 실현되는 영역으로 이해할 수 있다. 위에서 소개한 예수의 첫 선포 외에도 하나님의 나라가 임하도록 비는 주기도문의 내용(마태복음서 6장 10절)이나, 하나님의 나라가 이미 세상 가운데 있다는 예수의 말씀(누가복음서 17장 21절)에서 볼 수 있는 바와 같이 하나님의 나라는 내세의 천국만을 가리키는 표현이 아니다. 하나님의 나라는 이 땅 가운데 임해야 하는 것이며, 역설적으로 이미 존재하는 것이기도 하다.

그렇다면 하나님의 나라는 어떤 나라를 말하는 것인가? 어떨 때, 어떤 곳에 하나님의 왕권, 통치가 온전히 실현되었다고 말할 수 있을까? 예수의 말씀과 행동에서 찾아볼 수 있는 하나님의 나라의 가치, 질서는 여러 가지가 있다. 그 중에서 자주 반복적으로 나타나는 것은 무엇보다 민족, 계층, 등 전통이 규정하는 경계를 넘어서는 친밀함과 연대이다. 이러한 친밀함과 연대는 대표적으로 예수가 당시 사람들로부터 따돌림과 멸시를 받던 세리, 죄인들과 함께 식사를 하신 모습에서 찾아볼 수 있다(마가복음서 2장 13-17절). 예수는 모든 사람이 하나님의 사랑 안에서 한 식탁에 둘러 앉아 먹고, 마시는 것을 통해서 하나님의 나라가 어떤 것인지 보여주었다. 나아가 예수는 세리와 창녀가 당시 종교지도자들보다 먼저 하나님의 나라에 들어간다거나(마태복음서 21장 31절) 유대인들에게 멸시받던 사마리아인을 율법을 지킨 진정한 믿음의 사람으로 말하기도 하였다(누가복음서 10장 25-37절).

예수가 선포한 하나님의 나라는 가난하고 소외된 자, 병든 자들에게도 열려 있는 곳이다. 예수의 수많은 하나님의 나라 비유들은 소외되고, 비천한 자들을 향한 하나님의 긍휼과 위로를 전한다. 예수는 잔치 비유에서 다음과 같이 말씀하였다: "잔치를 베풀거든 가난한 자들과 몸 불편한 자들과 저는 자들과 소경들을 청하라. 그리하면 네가 복될 것이다." (누가복음서 14장 13절 이하). 유명한 부자와 거지 나사로 비유(누가복음서 16장 19-31절) 역시 한 평생 병과 싸우며, 남의 집 앞에서 먹을 것을 얻어 먹던 한 거지를 향한 하나님의 특별한 위로를 이야기한다. 거지 나사로는 비록 그의 삶 가운데 말할 수 없는 고통을 겪었지만 죽음 이후 아브라함의 품에서 하나님의 위로와 평안을 누렸다.

예수의 하나님의 나라 활동에서 우리가 주목해야 할 점은 예수가 가졌던 하나님의 나라에 대한 굳건한 믿음이다. 예수는 현실의 여러 가지 어려움, 역경, 한계 속에서도 하나님의 나라가 끊임없이 확장된다는 것을 믿었다. 이러한 믿음은 마가복음서 4장에 나오는 세 가지 씨와 관련된 비유, 곧 씨뿌리는 사람, 스스로 자라는 씨, 겨자씨 비유에 잘 나타나 있다. 그 중에 겨자씨 비유는 다음과 같다:

> 겨자씨와 같으니, 그것은 땅에 심을 때에는 세상에 있는 어떤 씨보다도 더 작다. 그러나 심고 나면 자라서, 어떤 풀보다 더 큰 가지들을 뻗어, 공중의 새들이 그 그늘에 깃들일 수 있게 된다.

이러한 말씀을 겉으로만 본다면 누군가는 예수를 현실을 제대로 모르는 이상주의자라고 여길지도 모른다. 하지만 예수는 어떤 사람보다 세상이 어떤 곳인지, 삶 가운데 존재하는 여러 문제들은 무엇인지 잘 알고 있었다(마가복음서 4장 10-20절 참고). 그럼에도 불구하고 예수는 평범한 사람과는 다르게 하나님의 나라는 확장된다는 믿음의 눈을 가지고 있었다. 이런 믿음의 눈을 가지고 끊임 없이 씨를 뿌렸기에 그가 뿌린 씨앗들은 실로 거대한 나무로 자라났고, 수많은 사람들이 그곳에서 쉼을 누렸다.

4. 제자도

예수는 하나님의 나라를 전하고, 하나님의 나라의 일을 이루어가는 일을 혼자 하지 않았다. 예수는 이 일을 하기 위해서 여러 명의 제자들을 불렀고, 그들을 교육시켰다. 예수의 제자는 모두 열두 명으로 이루어졌는데, 이 열둘이라는 숫자는 상징적인 의미를 가지고 있다. 그들은 이스라엘 열두 지파에게 파송된 자들로서 이스라엘의 모든 지파를 감당하는 존재들이다(마태복음서 19장 28절). 하지만 예수가 부른 제자들의 면면을 살펴보면 그들의 배경과 행색은 초라하고 보잘 것 없었다. 하지만 예수의 제자들은 후에 놀라운 능력으로 예수가 한 일을 이어받아 더 확장시켜나간다.

그렇다면 예수는 제자들에게 어떤 가르침을 남겼을까? 먼저 예수는 제자들에게 가족을 떠나 사유재산이 없이 방랑하는 삶을 요구하였다. 예수가 첫 제자들, 곧 베드로, 안드레, 요한, 야고보를 부르실 때의 장면을 보면 그들은 예수의 부름에 모든 것, 곧 가족, 어부로서 사용하던 그물, 배를 버려두고 예수를 따라 나섰다(마가복음서 1장 16-20절). 예수의 제자들은 예수와 함께 갈릴리 지역 이곳저곳을 정한 거주지가 없이 돌아다니며 하나님의 나라 복음을 전했다. 먹고, 마시고, 입고, 자고 하는 의식주 문제에 있어서 그들은 자신의 힘이 아니라 전적으로 하나님의 돌보심에 의지했다. 예수는 염려에 빠져 있는 제자들에게 공중의 새와 들의 백합화를 돌보시는 하나님을 신뢰할 것을 가르쳤다(마태복음서 6장 25절 이하). 하나님은 그들의 모든 필요를 아는 아버지이다. 공중의 새와 들의 백합화를 돌보시는 하나님은 제자들의 삶에 필요한 무엇이 필요한지 안다. 제자들이 하나님의 나라와 의를 위해서 살아간다면 하나님은 그들의 필요를 채워줄 것이다(마태복음서 6장 33절).

예수의 가르침은 먹을 것, 입을 것이 중요하지 않다는 것을 말하는 것이 결코 아니다. 먹을 것, 입을 것은 우리가 살아가는 데 있어서 반드시 있어야 하는 것들이다. 하지만 우리의 삶이 여기에만 매몰된다면, 이러한 삶이 우리에게 큰 행복을 가져다주지 못할 것은 분명하다. 하나님의 나라와 의, 이것은 우리가 삶의 목적으로 생각할 수 있는 더 높은 가치이다. 더불어 예수의 가르침에서 우리가 살아가면서 빠지게 되는 지나친 염려의 문제도 생각해 볼 수 있다. 우리가 가진 염려는 우리가 전적으로 우리 삶의 모든 것을 해결해야 한다는 압박에서 올 때가 많다. 하지만 살아가면서 우리는 경험하게 된다. 우리의 필요는 우리 자신이 가진 능력과 우리가 하는 노력 이상으로 채워질 때가 많다는 것을 말이다.

제자들이 구체적으로 어떤 삶을 살아가야 하는지는 산상수훈에 잘 담겨 있다. 산상수훈은 마태복음서 5-7장에 나오는 예수가 제자들에게 남긴 가르침으로 산 위에서 가르쳤다고 해서 산상수훈으로 불린다. 산상수훈이 담고 있는 지혜와 통찰은 비단 교회 안에서 뿐만 아니라 교회를 넘어 인류의 역사 가운데 큰 영향을 주었다. 대표적으로 마하트마 간디의 비폭력 저항 운동, 마틴 루터 킹의 흑인 인권 운동, 넬슨 만델라의 민족 화해 운동, 독일의 통일을 이끌었던 라이프찌히의 평화 기도회와 평화 시위를 들 수 있다. 예수의 산상수훈은 갈등, 분열, 전쟁의 역사 속에 용서, 화해, 평화를, 또한 인간의 생명과 권리가 존중받는 세상을 가져왔다.

이제 산상수훈의 가르침을 하나하나 살펴보자. 산상수훈에서 제일 먼저 등장하는 것은 여덟 개의 축복 선언문, 곧 팔복(八福)이다. 그 내용을 소개하면 다음과 같다:

- 마음이 가난한 자는 복이 있나니 하늘나라가 그들의 것이다.
- 애통하는 자는 복이 있나니 그들은 위로를 받을 것이다.
- 온유한 자는 복이 있나니 그들은 땅을 차지할 것이다.
- 의에 주리고 목마른 자는 복이 있나니 그들은 배부를 것이다.
- 긍휼히 여기는 자는 복이 있나니 그들은 긍휼이 여김을 받을 것이다.
- 마음이 깨끗한 자는 복이 있나니 그들은 하나님을 볼 것이다.
- 평화를 이루는 자는 복이 있나니 그들은 하나님의 자녀라 일컬음을 받을 것이다.
- 의를 위하여 박해를 받는 자는 복이 있나니 하늘나라가 그들의 것이다.

예수가 말한 복되다는 내용은 곰곰이 생각해 보면 일반적으로 복되다고 이야기하는 내용과는 거리가 멀다. 일반적으로 우리는 가난한 사람보다는 부유한 사람이, 우는 사람보다는 웃는 사람이, 주리고 목마른 사람보다는 잘 먹고 잘 사는 사람이, 핍박 받는 사람보다는 인기가 많은 사람이 복되다고 이야기한다. 그렇다면 예수가 선포한 팔복의 내용을 어떻게 이해하면 좋을까? 이 팔복은 제자들의 정체성과 삶의 모습에 대해서 이야기한다고 볼 수 있다. 곧 마지막 예수의 설명대로 예수의 제자들이 맞닥뜨린 운명은 하나님의 나라의 일을 하다가 고난과 핍박을 경험했던 구약성경의 선지자들의 그것과 같다. 물론 세상이 하나님의 나라의 일을 하려는 예수의 제자들과 같은 사람들을 인정하고 환영해주면, 이런 사람들이 고난과 핍박을 받는 일은 없을 것이다. 하지만 예수의 시험 이야기에서 살펴본 바와 같이 세상이 항상 예수의 제자들과 같은 사람들을 반기는 것은 아니다. 예수의 길을 따라 가려다가 보면 때로는 가난을, 때로는 슬픔을, 때로는 미움을 경험할 수 있다. 그 길은 넓은 길이 아닌 좁은 길이다(마태복음서 7장 13-14절).

예수는 산상수훈에서 제자들을 향해 서기관과 바리새인의 의보다 더 나은 의를 가질 것도 말했다. 당시 서기관과 바리새인들은 구약성경의 율법에 통달한 사람들로서 율법을 지키는 것을 매우 중요하게 생각하였다. 그렇다면 그들을 뛰어넘는 의란 어떤 것인가? 여기에 대한 자세한 내용은 마태복음서 5장 21절부터 이어지는 모세가 말한 계명을 넘어서는 새로운 예수의 가르침에 잘 나타나있는데, 이것을 여섯 개의 반대명제라고 부른다. 이 중에 몇 가지만 살펴보도록 하자.

첫 번째 반대명제는 모세의 "살인하지 말라"는 계명에 대한 것이다. 여기에 대해서 예수는 형제에게 화를 내거나 욕설을 하는 자도 심판을 받게 되고, 지옥에 떨어질 것이라 가르쳤다. 예수의 말씀은 분명히 일상의 기준으로 보면 과격(radical)하다. 누가 과연 여기에서 벗어날 수가 있겠는가? 하지만 이것이야말로 서기관과 바리새인을 뛰어넘을 수 있는 제자들이 갖추어야 할 의의 모습인 것이다. 다른 한편으로 과연 예수가 요구한 것이 꼭 도달할 수 없는 높은 기준이라고 비난할 수 있을까 하는 생각을 해볼 수도 있다. 왜냐하면 예수의 말씀은 함께 살아가는 인간에 대해서 우리가 갖추어야 할 가장 기본적인 태도를 요구하는 것이기도 하기 때문이다.

두 번째 반대명제는 "간음하지 말라"는 계명에 대한 것이다. 간음은 배우자가 있는데도 불구하고 다른 남녀와 관계를 갖는 것을 뜻한다. 예수는 모세의 계명에서 더 나아가서 음욕을 품기만 해도 이미 간음한 것이라 가르쳤다. 그리고 이러한 간음을 행한 자 역시 심판과 지옥을 면하지 못할 것이라고 말씀하였다. 이것 역시 위에서 언급한 분노와 역설에 대한 내용처럼 매우 과격하다. 하지만 동시에 남녀관계, 부부관계에 있어서 지켜야 할 가장 기본적인 자세를 이야기한다. 그리고 우리의 마음을 지키는 일이 더 큰 악에 빠지지 않기 위해서 얼마나 중요한지를 잘 보여준다.

마지막으로 살펴볼 예수의 새로운 가르침은 사랑에 대한 것이다. 이것은 다섯 번째, 여섯 번째 반대명제에 잘 나타나 있는 주제이다. 예수는 "눈은 눈으로, 이는 이로 갚으라"는 모세의 가르침에 대해서 악한 자를 대적하지 말라는 가르침을 남겼다. 예수는 말한다: "네 오른편 빰을 치거든 왼편도 돌려대라. ... 네게 구하는 자에게 주며, 네게 꾸고자 하는 자에게 거절하지 말라." 또 예수는 이웃뿐만 아니라 원수까지도 사랑하며, 박해하는 자를 위해서 기도할 것을 말했다. 예수는 이렇게 할 때 비로소 선한 자와 악한 자 모두에게 해도 비춰주시고, 비도 내려주시는 하나님의 자녀가 될 것이며, 하나님의 온전하심을 닮을 것이라 말씀하였다. 예수의 원수 사랑에 대한 가르침은 갈등, 분열, 전쟁이 끊이지 않는 오늘날에도 여전히 큰 도전과 울림을 준다.

5. 십자가 처형

예수의 생애 가운데 아마도 가장 널리 알려진 사건은 십자가 처형일 것이다. 예수의 십자가 처형이 널리 알려진 이유는 십자가가 기독교의 상징처럼 되었기 때문이다. 십자가는 교회, 성당에 걸려 있을 뿐만 아니라 성경, 성화, 목걸이 같은 장신구에 등장하기도 한다. 심지어 기독교 신앙을 가지지 않은 사람들도 십자가를 목에 걸거나 십자가를 장식처럼 사용하기도 한다. 이처럼 현대에서 종교를 넘어 하나의 문화적 코드, 장식이 된 십자가는 그 원래 역사적 맥락에서는 사람을 죽이는 사형제도에 사용되었던 틀이다. 십자가 처형은 역사상 존재하는 사형방식 중에서도 한 인간을 가장 처참하고, 잔혹하게 죽이는 방식이다.[26]

로마시대 십자가 처형은 일반적으로 반란자를 처벌하는 데 사용되었다. 로마제국은 이러한 공개처형 방식을 통해서 사람들을 통제했던 것이다. 그렇다면 예수는 로마에 대항하여 어떤 반란을 일으켰는가? 예수는 로마제국에 직접적으로 대항한 적이 없다. 대신 위에서 우리가 살펴본 대로 예수는 하나님의 선한 뜻이 무엇이며, 참된 신앙이 무엇인지 가르쳤고, 가난하고 연약한 자들을 하나님의 말씀으로 위로했다.

예수의 십자가 처형 과정에서 주목해야 할 것은 예수가 로마 법정에 넘겨지기 이전에 산헤드린이라고 불리는 유대 종교지도자들의 모임에서 재판을 받았다는 것이다. 예수와 유대 종교지도자들과의 갈등은 예수의 공생애 초기부터 있었다. 유대 종교지도자들은 예수가 안식일에 병자를 고치거나 죄인과 세리들과 함께 식사할 때 그 모든 것을 문제 삼았다. 예수가 귀신을 내쫓은 것은 바알세불이라는 더 큰 귀신의 힘을 빌어서 한 일에 불과하다는 것이다. 예수는 이런 모든 공격에 대해서 자신이 하는 일이 진정 하나님의 선한 뜻을 따른 결과임을 입증했다. 더 나아가 당시 유대 종교지도자들의 교만과 외식을 비판하기도 하였다. 이러한 비판은 성전정화 사건(마가복음서 11장 15-19절)에서 절정을 이룬다. 예수는 유대 종교지도자들에 의해서 로마 법정에 넘겨졌고, 마침내 십자가에서 죽임을 당했다.

이러한 예수의 죽음에서 우리는 무엇을 기억해야 할까? 기독교 신앙에서 예수의 죽음과 더불어 자주 이야기되는 것은 죄용서, 속죄와 같은 내용이다. 곧 예수가 죽은 것은 하나님의 아들의 죽음으로 온 인류의 죄를 대신한 죽음이라는 것이다. 예수는 죄가 없지만 하나님의 뜻을 따라 죄인들을 위해서 자신의 생명을 내어주었다. 물론 이런 내용이 복음서를 비롯한 신약성경에 나오지 않는 것은 아니다. 바울에 따르면 예수의 죽음은 죄인들을 위한 하나님의 사랑을 확증한 사건이다(로마서 5장 8절; 8장 32절). 하지만 위에서 간략히 살펴본 복음서의 맥락에서 분명히 알 수 있는 것은 예수의 죽음은 무고한 한 사람, 하나님의 아들의 불의한 죽음이었다는 사실이다. 예수의 고난과 죽음은 의인의 불의한 고난과 죽음이라는 문제를 제기한다.

6. 부활

예수의 십자가 처형 후 제자들은 모두 겁에 질려 숨어 있었다. 하지만 모든 제자들이 그렇게 숨어 있었던 것은 아니다. 아리마대 요셉이라는 인물은 예수의 시체를 달라고 하여 자신이 소장하고 있던 땅에 장사를 지냈다. 또한 갈릴리 지역에서부터 예수와 함께 했던 여러 명의 여자들은 예수의 무덤을 찾아갔다. 그런데 놀라운 일이 벌어졌다. 무덤 입구의 돌은 굴러져 있었고, 무덤은 비어있었다. 여자들이 놀라고 있을 때 천사가 나타나 예수가 다시 살아났다는 것을 알렸다. 여자들은 예수의 제자들에게 이 소식을 알렸다. 복음서 마지막에 나오는 이러한 이야기를 빈 무덤 사건이라 부른다. 그리고 오늘날에도 기독교인들은 부활절 아침이 되면 "예수님이 다시 살아나셨습니다"라고 외치며 인사를 나눈다.

죽은 자가 다시 살아난다는 것은 믿기 어려운 놀라운 일이다. 하지만 분명한 것은 부활한 예수를 만났다고 하는 수많은 증인들과 그들이 남긴 기록이 존재한다는 것이다. 아시아와 유럽에 복음을 전한 바울은 예수의 열 두 제자들을 비롯한 다른 사도들과 오백여 형제들에게도 부활한 예수가 나타났다고 증언한다(고린도전서 15장 5절 이하). 바울을 비롯한 예수의 부활을 증거한 증인들의 삶의 면면을 볼 때, 그들이 부활한 예수의 현현이라는 특별한 경험을 했다는 것은 확실하다. 그들은 모두 부활한 예수를 만난 후 완전히 변화되어 죽음을 각오하고 복음을 전했을 뿐만 아니라 전하는 신앙을 스스로 지키기 위해서 힘썼다. 이것은 예수의 부활이 하나의 꾸며진 사실이라면 절대로 일어날 수 없는 일들이었다.

그렇다면 예수의 부활이 우리에게 주는 의미는 무엇일까? 부활은 우선 예수가 하나님의 아들, 의인이었음을 증거하는 사건이다(로마서 1장 4절). 예수는 죄인과 더불어 죽임을 당했지만 부활을 통해서 그는 하나님의 아들, 의인으로 입증되었다. 또한 부활은 죽음을 극복한 사건으로 죽음이 마지막이 아니라는 것을 보여준다. 그리고 부활을 믿는다는 것은 절망적인 상황 속에서도 다시 일어날 수 있는 능력이 있음을 뜻한다. 생각해 보라. 죽음이 인생의 가장 큰 문제라고 할 때, 이 죽음이라는 문제를 이겨낼 수 있다면 다른 문제들은 얼마든지 이겨낼 수 있게 되는 것이다. 부활 신앙은 또한 현재의 삶을 뜻 있게 바르게 살겠다는 결단과도 연결된다(고린도전서 15:30-34절). 부활 신앙은 이 세상의 삶이야 어떻게 되든 상관 없다는 식의 현실 부정의 신앙이 결코 아니다.

나오는 말

예수는 어둠의 시대에 태어나서 무너진 하나님의 나라의 질서를 바로 세우기 위해서 전 생애를 제자들과 헌신했다. 많은 사람들이 예수를 통해서 하나님의 나라의 복음을 들었고, 실제로 경험했다. 예수는 가난하고 연약한 자들을 하나님의 말씀으로 위로했고, 병이나 악한 영으로 고통 받는 자들을 치유하고 회복시켰다. 또한 예수는 당시 유대교 신앙의 경계 밖에 있는 자들을 포용하고, 그들 역시 하나님의 나라의 주인공이 될 수 있음을 선포했다.

무엇보다 예수는 사람들이 함께 살아가기 위해서 궁극적으로 추구해야 할 가치가 무엇인지를 상기시켰다. 그것은 바로 화해, 용서, 사랑과 같은 것들이다. 지금 우리가 마땅하다고 주장하고, 당연하다고 여기는 인권, 존중, 자유, 연대, 차별에 대한 반대와 같은 사고들도 예수에 빚진 바가 크다. 예수는 자신의 생명마저도 세상을 위해서 내어놓음으로 진정한 섬김과 사랑이 무엇인지 보여주었다. 이런 점에서 앞에서 언급한 서력기원, 곧 예수의 탄생을 통해서 새로운 시대가 시작되었다는 시간에 대한 인식은 결코 과장이 아니다.

예수의 삶과 가르침에 대해서 대략의 서술을 해보았다. 더 깊이 예수에 대해서 알아가는 것은 우리들 각자의 과제로 남겨두고자 한다. 예수의 길을 걸어간 역사 속의 무수한 인물처럼 우리 역시 예수의 가르침을 마음 깊이 담고 살아간다면, 그 가르침은 우리 모두에게 큰 유익이 될 것이 틀림 없다. 예수의 가르침은 우리 모두를 절망 가운데서 일으켜 줄 것이며, 더 나은 길로 인도해 줄 것이다.

생각 나누기

01 예수의 시험 이야기가 오늘날을 살아가는 우리에게 주는 구체적인 메시지는 무엇인지 이야기해 보자.

02 예수의 하나님의 나라 사상에는 전통과 인습이 줄을 쳐놓은 경계 넘어서기가 매우 뚜렷이 드러난다. 이러한 사상이 우리 사회에 어떤 선한 영향력을 줄 수 있는지 생각해 보자.

03 예수의 제자도를 실현하는 사람들은 오늘날 어떤 사람들이 있는지 생각해 보고, 나눠보자.

4장

기독교의 역사

I.N.R.I.

4장

기독교의 역사

들어가는 말

기독교의 기원은 유대 베들레헴에서 태어난 예수(Jesus)이다. 예수가 이 땅에서 하나님 나라에 관해 선포하고, 말씀을 가르치며, 병자를 치유하면서 많은 제자를 얻었다. 예수의 12제자 그리고 박해자에서 기독교 최고 성자가 된 바울의 선교에 의해 예수의 가르침이 널리 퍼지지 시작했고, 이러한 선교의 역사가 기독교 역사가 되었다. 기독교 역사의 전개 과정을 위해 우리는 편의상 초기 기독교(30~500), 중세 기독교(500~1500), 종교개혁(1500~1600), 근현대 기독교(1600~현재)로 구분하여 세계기독교와 한국개신교가 걸어온 길을 살펴보고자 한다.

1. 초기 기독교(30~500)

순교의 피가 선교의 씨앗이 되다!

: 박해, 순교, 기독교 공인을 통해 번창하는 초기 기독교

기독교는 왜 시작과 함께 고난과 박해에서 출발하였을까? 하나님의 아들인 예수는 3년의 공생애 이후 십자가에 처형되었다. 예수의 12제자 중 10명이 예수의 가르침을 전파하다가 순교했다. 기독교에 관한 로마제국의 박해는 4세기 초까지 약 250년간 지속되었다. 물론 로마제국의 모든 황제가 박해를 가한 것은 아니고, 매년 박해가 있었던 것도 아니지만, 오랜 박해 기간 적지 않은 신자들이 신앙을 지키다가 맹수에 의해 처참하게 찢겨 순교했다.

기독교 박해의 가장 중요한 원인은 기독교 신자들의 황제숭배 거부 때문이었다. 로마제국은 황제와 로마 고유의 신들에 대한 숭배를 강요했지만, 기독교는 한 분 하나님을 경배하는 유일신 신앙을 가지고 있었기에, 다른 신들을 섬긴다는 것은 곧 우상숭배와 같았다. 그리고 당시 로마제국의 극장, 군대, 운동 경기가 우상숭배와 관련이 있었기에, 기독교인들은 제국의 행사에 참여하지 않으려고 하였다. 로마제국의 관점에서는 기독교인들의 이러한 행동이 로마제국뿐 아니라 인류를 증오한다고 판단하고서 박해하였다.

초기 기독교는 박해뿐 아니라 제국에 닥친 전염병과도 싸워야 했다. 마르쿠스 아우렐리우스 황제 재위 시기인 165년경 발생한 역병(천연두)은 15년간 지속되었고, 제국 인구의 약 25% 정도가 사망하였다. 251년의 역병(홍역)도 제국에 큰 타격을 주었는데, 기록에 의하면 로마 시에서 하루에 5,000명이 사망하기도 하였다고 전한다. 재난이 닥쳤을 때, 제국 정부나 이교도는 갑작스럽게 찾아온 재앙에 대해 아무런 해답을 제공해 주질 못했지만, 기독교는 질병의 발발에 적절한 해명을 제시하였다. 갑작스러운 질병 앞에서 죽어가는 사람들 그리고 그들을 지켜보는 가족들을 향해 죽음 이후의 삶에 대해 의미를 부여하였고, 천국에 대한 소망과 비전을 제시하면서 즉각적인 치유와 위로를 얻도록 하였다. 무엇보다 재난과 재앙의 위기 앞에서 기독교는 적극적인 봉사와 섬김의 실천으로 대응했다. 초대교회 신자들이 재앙과 재난에 어떻게 대처했는지, 약 250년경 주교 디오니시우스는 서신에서 이렇게 기록한다.

> (재난이 발생했을 때) 대부분의 우리 형제는 넘치도록 큰 사랑과 형제애를 발휘하여 자기 목숨을 아끼지 않고 서로를 의지하며 끊임없이 병자를 돌아보았고, 그들에게 필요한 것을 공급하였다. 형제들은 그들을 그리스도 안에서 치료하였으며, 다른 사람들과 이웃에게서 그 병에 전염되면서도 자원하여 환자들의 입에 음식을 넣어 줌으로써 고통을 자초했습니다. 많은 형제가 다른 사람들을 치료하고 건강하게 해주고는 자기들은 죽었습니다. 우리 형제 중에 가장 선한 사람들은 이런 식으로 세상을 떠났습니다. 그러나 이교도들은 이와 반대로 했습니다. 그들은 병들어 앓기 시작한 사람들을 쫓아냈으며 사랑하는 친구들도 멀리했습니다. 그들은 아직 숨이 끊어지지 않은 사람을 길에 내다 버렸고, 죽은 자들을 매장해 주지도 않았습니다. 그들은 어떻게 해서든 죽음을 피하려고 했습니다.[27]

이와 같이 기독교인들은 기도뿐만 아니라, 병든 자를 돌보는 사랑의 실천과 희생과 간호를 통해 섬겼다. 때가 찬 것일까? 기독교에 대한 사회 신뢰가 쌓이고, 기독교 신자가 증가하면서 기독교에 대한 변화가 무르익어갈 즈음, 로마제국의 황제가 기독교로 개종하는 사건이 생겼다. 황제 콘스탄티누스는 312년 전투를 앞두고, "이 군호로 전쟁에서 승리하리라."는 음성을 신으로부터 듣게 된다. 황제가 보게 된 군호는 그리스도를 뜻하는 헬라어 첫 두 글자인 X+P(Labarum, 라바룸)를 합쳐 놓은 것이고, 황제는 이 군호를 깃발과 방패에 새기도록 하였다. 마침내 콘스탄티누스 부대는 밀비우스 다리 전투에서 승리하였고, 전쟁 승리는 황제의 개종으로 이어졌다. 황제는 313년 기독교를 자유 종교로 공인하는 밀라노칙령(Edict of Milan)을 선포하게 되고, 이로써 기독교는 완전한 종교의 자유를 얻었다. 이와 같이 초기 기독교는 박해와 순교로 시작하였지만 '순교자의 피는 선교의 씨앗'이 되어 점점 세계보편종교로서의 위상을 더해갔고, 역병과 재난에 대한 적절한 대처, 황제의 회심과 박해 종식으로 380년 로마제국 내 국가종교가 되었다.

2. 중세 기독교(500~1500)

로마제국의 국교 지위를 얻은 기독교는 이제 천년의 중세 시대로 나아간다. 세계사, 철학사, 교회사의 시대구분은 관점에 따라 다르지만, 초기와 중세 시대 구분에 있어 공유할 수 있는 상징적 사건이 529년에 일어났다. 그리스 아테네에 플라톤에 의해 설립되어 900년 동안 유지되어온 플라톤 아카데미(아카데메이아)가 폐쇄되고, 이탈리아 몬테카시노(Monte Cassino)에 베네딕트 수도원이 설립된 때가 529년이었다. 529년은 서구 유럽의 중심이 플라톤 아카데메이아가 있던 아테네에서 베네딕트 수도원이 있는 이탈리아로 옮겨가는 공간적 이동뿐 아니라, 정신사의 이동을 의미하기도 했다. 이때는 사라져 가는 사상과 새로이 도래하는 사상이 맞닿는 시점이고, 서구 유럽에서 그동안 그리스-로마 철학이 가졌던 영광과 역할이 수도원을 중심으로 기독교로 이동하게 되는 시점이기도 하다. 그렇다면 중세 천년은 어떤 모습으로 전개되었을까?

1) 하나님이 원하신다?
: 중세 이슬람의 약진과 십자군 전쟁

중세 주목해야 할 특징 가운데 하나는 이슬람의 약진과 성장이다. 622년 무함마드에 의해 시작된 이슬람은 그 시작과 함께 급속도로 교세를 넓혀나갔고, 기독교 지역을 정복해 나가기 시작했다. 7세기에 기독교 세력이 강했던 소아시아와 북아프리카 주요 도시가 이슬람에 의해 정복되었다. 회교도들은 711년 지브롤터 해협을 건너서 이베리아 반도 스페인까지 점령했다. 회교도들에 의하여 점령된 이베리아 반도는 13세기 포르투갈, 15세기 스페인이 이슬람을 몰아내기까지 거의 700~800년 이슬람의 지배를 받았을 정도로, 이슬람은 당시 유럽의 절반 정도를 차지했다.

이슬람의 확장 그리고 10세기 전후 유럽 내 약 60년간 지속된 심각한 기근은 십자군 전쟁(1095/99~1270)의 원인이 되기도 했다. 그뿐만 아니라 성지 예루살렘 회복, 피안에 대한 종교적 감정의 고조는 십자군 운동 참가에 대한 명분을 가져다주었다. 1095년 교황 우르반 2세의 "하나님께서 원하신다."라는 캐치프레이즈로 시작된 제1차 십자군 전쟁은 일시적으로 예루살렘을 탈환하기도 하였지만, 재탈환되는 등, 실패한 운동으로 평가된다. 200년간 지속된 십자군 전쟁은 기독교와 이슬람 사이의 증오감만 증대시켰다. 장기간 지속된 십자군 전쟁은 비록 실패한 전쟁으로 기록되지만, 유럽인들에게 예기치 않은 긍정적 결과를 가져오기도 했다. 북 이탈리아와 라인강 지역에 도시국가들이 형성되면서 교통로가 발달하였고, 교역이 활발해지면서 경제변화를 가져오기도 했다. 철학, 천문학, 자연과학 등 이슬람 선진문명이 십자군 전쟁을 통해 유입되면서, 유럽인들의 정신적 지평을 확대시키는 지적 각성을 일으키기도 했다.[28]

2) 세속 칼은 영적 칼에 굴복하라!
: 교황권과 황제권의 대립 그리고 교회부패

유럽을 지탱하는 양대 기둥은 그리스-로마 문명과 기독교 문명이다. 962년 대관식에서 교황이 오토 1세(936~973 재위)에게 황제의 관을 씌워주면서 1806년까지의 신성로마제국(Holy Roman Empire)의 장구한 역사는 시작된다. 오토 1세 황제에게 대관식을 베푼 것은 교회와 제국이 서로 협력관계에 있다는 것을 보여주는 상징이었다. 하지만 대관식은 교황권과 황제권 사이 논쟁의 불씨가 될 수 있는 시작점이기도 했다. 유럽 내 기독교 문명이 차지하는 비중 때문에, 유럽 안에서는 교회의 수장인 교황과 대륙의 정치적 정점인 황제 사이의 대립을 피할 수 없었다. 신성로마제국의 통치 이념은 교회는 제국의 정신적 역할을 담당하고, 제국은 교회의 정치적 후견자가 되어주는 것이었다. 유럽 토지의 절반을 소유한 교회는 교회 책임자(수도원장, 주교 등)를 교회가 임명하기를 원했지만, 교회 후견자를 자처한 제국 영주들은 자신들이 원하는 자를 임명하기를 원했다. 이러한 교황권과 황제권 대립의 가장 대표적 사건이 교황 그레고리 7세와 황제 헨리 4세 사이의 '카노사 굴욕'이다. 헨리 4세는 밀라노의 교회감독을 임명하였지만, 그레고리 7세는 이러한 황제의 교회 감독 임명을 교회에 대한 정치적 간섭이라고 비판했다. 그렇게 교황측과 황제측은 서로 파면과 출교를 반복하는 과정에서 마침내 황제가 교황 앞에 무릎을 꿇는 '카노사 굴욕' 사건(1077년)이 생겨난 것이다.

중세 교회는 이 사건 이후에도 교황권을 세속권 위에 놓으려 했고, 교회 권위를 더욱 높이려 하였다. 교황 인노센트 3세(1198~1216 재위)는 교황을 그리스도의 대리자로 칭하였고, 그리스도를 기념하는 성만찬은 먹는 순간 실제 그리스도의 살과 피로 변한다는 교리(화체설)를 선포했다. 그리고 종교재판을 설립하고서 교회 가르침을 거부하면 재판에 회부하기도 하였다. 더 나아가 가톨릭은 1302년 '세속의 칼(황제)은 영적 칼(교황)에 굴복해야 한다'는 교서 『거룩한 하나의 교회』(unam sanctam, 우남상탐)를 발표하며 교회의 권위를 더욱 높였다. 교황권이 절정에 이른 것이다. 일련의 교회 행위는 교황권을 높이는 사건이었지만, 이 시기 교회는 더욱 부패의 길을 가고 있었다. 성직자들의 성적 윤리적 타락, 교회 부패와 폐단 등 교회와 성직자의 권위는 실추되었고, 베드로 성당 건축의 필요한 재정 확보를 위해 신자들에게 돈을 받고 면벌부를 판매하는 등, 교회부패는 종교개혁의 가장 중요한 배경이 되었다.

3) 기도하고 사유하며 진리를 탐구하라!
: 수도원과 대학의 발전

교회 폐단이 발생하면 유럽 중앙 정치의 무대인 교회는 그 자정능력을 상실하곤 하였는데, 이러한 시대 교회갱신과 신앙적 내면을 일깨운 것은 수도원이었다. 중세는 수없이 많은 수도회가 설립되었는데, 그중 13세기에 설립된 프란치스코 수도회(1210년 설립)와 도미니크 수도회(1216년 설립)가 가장 대표적이다. 13세기 기독교는 내부적으로 부패했고, 외부적으로 이슬람 침략의 위협 앞에 있었다. 프란치스코는 예수로부터 "내 교회를 재건하라."는 음성을 듣고 예수를 따르는 제자의 삶을 살기로 결심했다. 그를 따르는 제자들이 많아지면서 청빈, 가난, 순종의 프란치스코 수도회가 설립되었다. 그는 성직자와 신자들을 대상으로 가난한 실천을 강조했고, 교회갱신을 이끌었다. 그뿐만 아니라 프란치스코는 이슬람의 지도자 술탄 앞에서 설교하며 전쟁 없는 평화와 형제애를 선포했다. 중세 또 하나의 문제는 이단의 등장 그리고 성직자들의 무지였다. 프란치스코와 동시대 활동한 인물인 도미니크는 성직자들의 공부를 중시했다. 중세 이단들, 이방인들의 개종을 돕기 위해 도미니크는 공부하는 수도자, 설교하는 수도자 양성에 역점을 둔 것이다. 이 두 수도회는 가난을 실천하고, 공부를 강조하면서 교회와 성직자들의 위상을 높이는데 중요한 역할을 했다.

기독교는 신앙과 신학이라는 원리에서 변화되고 발전한다. 중세 기독교는 교회를 중심으로 움직이지만, 학문적 신학사상은 '학생들과 교수들의 연합체'(universitas scholarium et magistorum)인 대학(university)에서 나왔다. 중세 최고의 걸작품으로 평가받는 대학에서의 상위 학문은 법학, 의학 그리고 신학이었다. 현장 교회에 정신적, 사상적 원리를 제공해 주고, 성경과 전통에 근거한 바른 신앙관을 제시해 줄 필요가 있었는데, 중세 대학이 그 역할을 감당한 것이다. 이와 같이 중세 시대 신앙과 학문, 계시와 이성의 두 원리가 잘 작동될 수 있었던 것은 수도원과 대학의 역할 때문이었다. 대학이 이성을 통해 중세 스콜라학(신학, 철학)을 발전시킬 때, 수도원은 기도와 명상과 경건 실천으로 기독교의 신앙적 뿌리 역할을 했다. 중세 대표적인 학자인 '천사 박사'(Doctor Angelicus)라는 별명을 얻은 토마스 아퀴나스는 수도원(기도를 통한 진리탐구)의 수도사이면서 대학(학문을 통한 진리탐구) 교수로서 신앙과 이성, 플라톤과 아리스토텔레스의 조화를 시도한 융합영성의 인물이기도 하다.

4) 근원으로 돌아가자!: 르네상스 인문주의 운동

중세 시대는 암흑기인가? 황금기인가? 중세는 신비의 사상이 꽃피운 황금기인가? 부패한 암흑의 시기인가? 중세 천년에 관한 평가는 아주 극단적이다. 암흑기는 새로운 사상의 태동을 강조하고 싶은 동기에서 나온 것이고, 황금기는 수도원과 대학을 중심으로 중세 기독교 문명의 소중한 자산을 강조하고 싶은 동기에서 나온 정의일 것이다. 독일

철학자 헤겔은 중세 천년을 장황하고 부피만 큰 시대라고 비판했지만, 낭만주의자들은 중세를 황금의 시대라고 찬양했다.[29] 앞으로 살펴보게 될 종교개혁의 후예들은 중세를 암흑기로 평가한다. 새로운 사상을 강조해야 하기 때문이었다.

중세로부터의 탈출은 15세기 르네상스 인문주의의 등장에서 시작된다. 르네상스(Renaissance)는 중세 학문과 세계관을 비판하며 그리스-로마의 고대 사상을 계승하려는 운동이다. 르네상스 태동은 수도원 설립과 아카데메이아 폐쇄라고 하는 529년의 상징적인 사건 이전으로 돌아가고자 하는 이치와 같다. 중세가 신(神)중심적 체계 안에서 이루어졌다면, 르네상스운동은 인간 사고에 비중을 두었기에, 르네상스를 인간중심적 인문주의(Humanism) 운동이라고도 한다. 르네상스 인문주의 운동의 좁은 의미로는 그리스-로마의 고전적 문예부흥을 뜻하지만, 넓은 의미로는 중세 기독교 진리와 교리로부터의 해방, 신으로부터 인간의 해방을 의미했다.[30] 기독교 가르침의 한계를 인식하며 독자적 체계를 추구하면서 르네상스 인문주의 운동이 시작된 것이다. 이탈리아에서 일어난 르네상스 인문주의는 중세를 지배했던 기독교 진리나 성경이 아니라 헬라 로마 문명에서 인간의 존엄성과 탁월성을 찾으려 하였다. 르네상스는 '근원으로 돌아가자'(ad fontes, 헬라와 로마의 고전으로)는 모토를 가지고 인간 회복 운동, 더 나아가 교회갱신운동으로까지 나아가고자 했다. 르네상스와 종교개혁은 복고(復古)와 재생(再生)운동이기도 한데, 왜냐하면 르네상스는 헬라 로마 문헌으로 돌아가자는 운동이라면, 종교개혁은 초대 기독교 신앙으로 돌아가자는 의미에서 복고운동이기 때문이다.

3. 종교개혁(1500~1600)과 개신교 태동

1) 독일에서 새로운 빛이 발하다!
: 종교개혁가 마르틴 루터

초대교회는 '하나의 거룩하고 보편적이며 사도적인 교회'를 고백하며, 하나의 교회를 유지했다. 하지만 1054년 콘스탄티노플을 중심으로 하는 동방교회와 로마를 중심으로 하는 서방교회가 공식적으로 대분열(The Great Schism)하였다. 또 한 번의 교회 분열은 16세기 종교개혁에서 시작되었다. 종교개혁(Reformation)으로 신교(개신교, 프로테스탄트)와 구교(가톨릭)로 나뉘게 된 것이다. 종교개혁이 일어나게 되는 1500년경 전후, 세계는 새로운 패러다임으로 접어들기 시작했다. 르네상스 운동, 1450년경 인쇄술 발명, 신대륙 발견, 지동설이 그러하다. 더 나아가 프랑스, 스페인, 영국, 독일 등 서구 유럽 민족국가의 등장도 새로운 변화를 기다리고 있었다. 특히 이러한 민족 국가들의 등장은 신성로마제국이나 교황청의 중앙집권적인 힘을 약화시켜 16세기 종교 개혁을 유리하게 하였다. 대표적인 종교개혁가는 마르틴 루터(Martin Luther, 1483~1546)와 장 칼뱅(Jean Calvin, 1509~1564)이다.

종교개혁은 독일의 루터라는 한 인물에서 촉발된다. 독일 도시 에르푸르트에서 5km 떨어진 교외 지역에는 마르틴 루터의 종교적 체험을 기념하는 기념돌이 세워져 있다. 기념돌 한 면에는 '튀링엔에서 빛을 발하다'(Ex Thuringia lux)라는 라틴어가 기록되어 있다. 독일 튀링엔 주에서 세상을 향해 빛이 발했고, 이 빛은 교회역사와 세계역사를 바꾸어 놓았다는 의미이다. 기독교 신앙 가운데 '하나님께서는 준비된 자를 사용하신다'는 고백이 있다. 중세 주요한 신학교육기관은 수도원과 대학이었던바, 루터는 대학에서 스콜라학을 공부했고, 수도원에서 당시 기독교 경전인 성경 중심적 경건 생활을 하였다. 스콜라학과 성경, 학문과 경건을 경험했던 루터는 당시 교회의 가르침이 성경보다 전통에 기인한다는 것을 깨닫고, 1517년 10월 31일 95개 조항의 학술토론 논제를 교회에 붙이게 되면서, 루터의 의도와 달리 종교개혁의 불씨가 타오르기 시작했다. 무엇보다 루터는 수도원에서 엄격한 수도 생활과 집중적 성경 읽기를 하였다. 그렇게 경전(성경)을 끼고 살았던 루터가 신약성경의 한 구절(로마서 1장 17절)의 의미를 깨닫게 되면서 개신교의 신앙 원리(오직 의인은 믿음으로 말미암아 살리라!)를 발견할 수 있었다.

종교개혁의 슬로건은 '오직 성경', '오직 은혜', '오직 믿음'이다. 루터의 싸움은 교회전통에 대항한 성경의 강조였다. 루터는 교회전통의 권위보다는 성경의 권위(오직 성경)를, 인간이 하나님 앞에서 의롭게 되고 구원을 얻는 것은 인간의 행위가 아닌 하나님의 은총(오직 은혜)과 믿음(오직 믿음)임을 강조했다. 무엇보다 루터는 평신도들에게 성경을 읽도록 성경을 자국어로 번역하였고, 성직자는 거룩하고 다른 모든 사람은 세속하다고 하는 전통 가톨릭의 성과 속의 이분법적 가르침을 반대했으며, 모든 신자는 자신의 믿음으로 구원자 예수에게 나아갈 수 있다는 만인제사장 이론(all believers are priests)을 가르쳤다. 루터의 깨달음과 가르침이 개신교 신앙과 경건의 특징이 되었던 것이다.

2) 내 심장을 주님께 바칩니다!
: 스위스 종교개혁가 장 칼뱅

1509년 프랑스 노용에서 출생한 칼뱅은 1534년부터 종교개혁가로의 길을 걷게 된다. 칼뱅의 종교개혁 중심지는 스위스 제네바였다. 제네바에서는 칼뱅 이전에 파렐이라는 인물이 종교개혁을 시행하고 있었다. 하지만 파렐은 자신이 제네바 종교개혁을 감당하기에 역부족임을 알고, 1536년 7월 전쟁으로 길이 막혀 제네바를 잠깐 들린 칼뱅을 만나 종교개혁에 협조할 것을 요청했다. 파렐의 요청에 칼뱅은 완강하게 거부하였지만, 결국 파렐의 요구를 반대할 수 없어 제네바에 남게 된다. 후에 칼뱅은 이러한 상황에 관해 다음과 같이 회고하고 있다. "(파렐이 나를 제네바에 붙들어 두려고 한 것, 이것은) 마치 하늘에 계신 하나님께서 자신의 손을 나에게 얹어 잡으시려는 것 같았다." 하지만 칼뱅은 시의회와의 불화로 스트라스부르크로 추방되었고, 그 후 제네바 시의회는 칼뱅의 부재 가운데 더 큰 어려움을 겪게 되자, 다시 칼뱅을 초청하고자 한다. 역시 칼뱅은 제네바로 되돌아가지 않기로 완강하게 거부하였지만, 이번에도 파렐은 칼뱅에게 제네바로 돌아가서 개혁을 완수하라고 강권한다. 완곡한 파렐의 요청에 칼뱅은 다음과 같은 내용으로 답장을 보내며, 본격적인 종교개혁에 발을 내디딘다.

> 만일 나에게 선택의 자유가 있다면, 제네바로 돌아가라는 당신의 바람에 순종하는 것 외에는 모든 것을 하겠습니다. 그러나 내가 나의 주인이 아님을 알기 때문에 저는 제 심장을 진정한 제물로 주님께 바칩니다.[31]

칼뱅의 이 고백에 따라, 심장을 들고 있는 칼뱅의 두 손은 종교개혁자 칼뱅의 문장(紋章)이 되었다. 이처럼 종교개혁가 루터와 칼뱅으로 인해, 유럽 내에서 개신교는 그 범위를 넓혀나갈 수 있었다.

4. 근현대 기독교(1600~현재)와 한국 개신교

1) 교회전통인가? 성경적 신앙 양심인가?
: 종교개혁 이후 가톨릭과 개신교

종교개혁의 반동으로 가톨릭은 교회 최고회의인 트리엔트공의회(1545~1563)를 개최했다. 개신교 모토인 '오직 성경', '오직 은혜', '오직 믿음'에 대한 가톨릭의 입장표명이 필요했기 때문이다. 그중 가톨릭이 대응해야 했던 개신교의 가장 핵심적인 교리는 '오직 믿음'이었다. 가톨릭은 믿음으로 의롭게 된다는 개신교의 가르침이나 선한 행위의 인간 능력이 구원에 기여할 수 있다는 중세 교회의 맹목적 가르침 모두를 거부하고, 믿음과 선행 사이의 중도의 길을 택했다. 근대 가톨릭 교회사에서 주목해야 할 것은 예수회 설립과 수도회 중심적 선교이다. 이그나티우스와 그의 동료에 의해 설립된 예수회(Jesuits, 1539년 설립)는 한편으로는 유럽 내 개신교의 확장을 막는 저지선 역할을 했고, 다른 한편으로는 아시아, 남미 대륙으로 선교 확장의 길을 열었다. 예수회 수도사 마테오 리치(1552~1610)는 중국에서 유학자 복장을 하고, 유교를 수용하는 종교정책을 통해 아시아 선교에 성공을 거두었다. 가톨릭 선교의 두드러진 성과는 남미에서 나타났다. 가톨릭 수도회는 남미에서 원주민 보호와 개종을 목적으로 선교정착촌인 레둑시온(reduction)을 설립했고, 이를 통해 많은 개종자를 얻었다. 가톨릭은 종교개혁 시대 개신교로 빼앗긴 숫자보다 더 많은 신자를 약 1500년경부터 1700년경까지 남미와 아시아 선교를 통해 얻을 수 있었다. 20세기 브라질, 아르헨티나, 칠레 등 남미 국가의 유일한 합법 종교인 가톨릭교회 신자 비중이 90퍼센트를 넘는 수치도 근대 가톨릭 선교의 결과였다.

가톨릭교회는 교회 위계질서와 전통을 고수했다면, 종교개혁자들에 의해 태동된 개신교는 눈에 보이는 교회의 가시성보다는 믿음, 말씀, 은혜라고 하는 눈에 보이지 않는 불가시성을 강조했다. 성경과 성경에 의한 신앙 양심을 강조하는 개신교는 시작에서부터 교회분파(denomination)로 이어질 수밖에 없었다. 개신교는 교회제도나 교리 이해의 차이로 루터교, 장로교, 회중교회, 재세례파로 갈라졌고, 나중에는 감리교, 침례교 등으로 분열하였다. 하지만 교회분파가 반드시 부정적인 결과만을 가져온 것은 아니었다. 교회제도의 자치성을 인정하면서, 교파 간 경쟁이 선교운동과 영적각성운동을 동시적으로 이끌 수 있었기 때문이다. 개신교 내 교회개혁, 신앙갱신과 경건유익, 사회참여 그리고 선교운동을 위해 생겨난 대표 운동이 독일의 경건주의운동(Pietism), 영국의 복음주의운동(Methodist), 미국의 대각성운동(The Great Awakening)이었다. 이러한 신앙운동은 교회 내부적으로 신자들에게 경건의 유익을, 외부적으로는 선교와 교세 확장을 이끌었다.

2) 언덕 위의 도성(City upon a Hill)을 꿈꾸다!
: 확장하는 미국 개신교

북미의 기독교는 근대 유럽의 기독교와는 다른 독자적 길을 가게 된다. 북미 기독교는 종교개혁의 또 다른 지역인 영국에서부터 시작된다. 종교개혁 과정 영국 여왕 엘리자베스 1세(1558~1603 재위)는 개신교와 가톨릭 사이의 중도의 길을 선택했다. 중도의 길은 가톨릭의 반대와 개신교의 반대가 있기 마련이었다. 영국교회를 더욱 개신교화하려던 그룹인 청교도(Puritan)는 미사나 교회 직제의 가톨릭적 요소들을 제거하고, 오직 성경의 명령에 따라 개혁하려던 무리였다. 하지만 개혁 실행이 어렵게 되자, 이들은 신앙의 자유를 찾아 북미 새로운 땅으로 이주하게 된다. 1620년 메이플라워호(mayflower)를 타고 매사추세츠의 케이프코드에

도착하면서 북미 개신교의 역사가 시작되었고, 이들을 필그림 파더스(Pilgrim Fathers)라고 칭하게 된다. 10년 뒤에는 존 윈스롭의 주도로 약 1만 5천명의 청교도들이 이주했다. 윈스롭은 신대륙에 이상적인 그리스도 국가를 꿈꾸며 '언덕 위의 도성(City upon a Hill)'을 건설하겠다는 계획을 세운다.

미국 기독교는 독립전쟁 이후 본격적인 변화를 겪게 된다. 독립전쟁(1775~1783)에서 승리한 미국은 대영제국으로부터 독립하였고, 13개 주 동부 지역에 한정되었던 미국은 독립전쟁 후 개척자 정신을 강조했다. 1848년 캘리포니아에서 금이 발견되면서 골드러시(gold rush)가 시작되었고, 서부지역으로 개척과 이주가 시작되었다. 19세기 서부 개척과 영토 확장의 시대는 개척정신, 긍정적 인간관, 낙관론적 세계관, 무한한 가능성이 요구되던 시대였다. 이런 희망의 시대에 미국은 개신교를 중심으로 신앙의 대부흥운동이 일어났고, 역사는 이를 북미 대각성운동이라고 명하고 있다. 종교개혁에서 촉발된 성경의 번역과 배포 운동, 개인의 신앙 양심을 일깨우는 영적각성운동, 인류에게 기독교 복음을 전하고자 하는 선교운동이 19세기 미국을 흔들어놓았다. 무엇보다 미국 개신교는 성경 번역과 함께 본격적인 세계선교현장에 뛰어들었다. 성경번역, 선교단체 설립, 대학생들의 선교운동, 그리고 동시대적으로 일어난 대각성운동이 시너지 효과를 나타내며 세계선교를 이끌었던 것이다. 이와 같이 19세기 개신교는 모든 대륙으로의 선교를 이끌며 '위대한 선교의 19세기'(1815~1914)가 되도록 했다. '위대한 선교의 19세기'란 아시아, 아프리카 등 모든 대륙과 민족과 지역에 개신교 복음이 들어가도록 한 선교운동의 결과를 의미했고, 한국으로의 개신교 선교도 이 시기에 이루어졌다.

3) 선교사보다 성경이 먼저 조선 땅에 들어오다!
: 위대한 선교의 19세기와 한국 개신교

한국 천주교에서는 1784년 첫 세례자가 나왔다. 백년 뒤 1884년 최초의 개신교 의료선교사 알렌이 내한하면서, 한국 개신교 역사가 시작된다. 하지만 한국 개신교는 19세기 중반부터 해외 선교사들이 선교의 문을 두드리기 시작했다. 1832년 귀츨라프 선교사는 충청도 고대도를 방문하여 2주간 한문성경을 배포하고 주기도문을 한글로 번역하며 선교를 시작하였지만, 조선 당국의 거부로 그 뜻을 이루지 못했다. 1866년 토마스 선교사는 대동강을 거슬러 평양까지 도착하였지만, 약 500권의 한문성경을 배포하고선 죽음을 맞이한다. 하지만 당시 토마스 선교사가 건넨 한문성경을 읽고 개종자가 나오기 시작했고, 이북에서는 조선 청년들을 중심으로 자생적 교회가 설립되기도 했다. 그리고 조선 청년들이 만주(서상륜, 이응찬 등)와 일본(이수정)에서 선교사들과 함께 한국어로 성경을 번역하기 시작했다. 1885년부터 전문선교사들이 내한하기 시작했는데, 이들 선교사들의 손에는 일본에서 번역된 한국어 성경이 있었다. 즉 최초의 전문선교사 언더우드와 아펜젤러가 1885년 4월 5일 인천 제물포에 발을 디딜 때 '우리말성경'을 들고 내한하였다는 점은 세계선교역사에서 유례를 찾아볼 수 없는 한국 개신교의 특징이 되었다. 선교사보다 하나님의 말씀인 성경이 조선 땅에 먼저 들어온 결과였다.

선교사들의 내한 시기는 우리 민족의 위기 시대와 정확히 일치했다. 19세기 말과 20세기 초 우리 민족은 천재 재난과 전염병 그리고 국가적 위기 시대였다. 1884년 갑신정변, 1894년 청일전쟁과 동학농민혁명, 1895년 을미사변, 1904년 러일전쟁, 1910년 경술국치, 1914년 제1차 세계대전 등 한국은 격동의 세월을 보냈고, 천연두와 콜레라 등 전염병으로 어려움을 겪었다. 이러한 위기의 시대 개신교는 종교의 존재 이유를 설명할 수 있도록 했다. 갑신정변으로 자상을 입은 왕비의 조카 민영익을 의료선교사 알렌은 수술로 치료해 주었고, 이를 계기로 1885년 4월 고종 황제의 허가를 받아 최초 근대 의료기관인 광혜원(廣惠院)이 설립될 수 있었다. 현대 의학을 공부하고 온 또 다른 서구 선교사들은 전염병이 퍼지지 않도록 물을 끓여 마시도록 하였고, 치료를 위해 소독제와 항생제를 사용하는 등 실질적인 예방책을 내어 놓았다.

최초 의료선교사가 입국한 1884년부터 태평양 전쟁(1941~1945)으로 인해 선교사들이 강제 출국당한 1942년까지 한국에서 활동한 1,500명이 넘는 선교사들은 병원, 학교, 교회 설립이라는 트라이앵글 선교전략으로 우리 민족에게 복음을 전하며 위로하였을 뿐 아니라, 적극적 기독교 정신을 실천하며 희망을 안겨다 주었다.

그뿐만 아니라 선교사들과 개신교 신자들은 민족 위기 시대에 해외 원조와 항일독립운동을 이끌기도 하였다. 1919년 3.1운동의 33명의 민족 대표 중 16인이 기독교인이었다는 것은 한국교회의 민족 해방을 위한 적극적 참여를 보여주는 지표이기도 하다. 한국 개신교는 자립과 자치의 민주주의 정신으로 근대화에 기여했고, 최신 교육의 인재 양성을 통해 사회참여와 사회봉사를 선도했다. 근대학교설립, 여성인권운동, 노예해방의 신분타파, 선진문명 유입 등 한국 민족을 위한 개신교 선교의 공헌은 실로 크다. 더 나아가 일제강점기 '그리스도와 교회를 위하여'라는 캐치프레이즈를 걸고 금주, 금연, 공창폐지의 생활개선운동, 농촌계몽운동, 문맹퇴치운동을 이끌기도 하였다.

한국 개신교는 1990년대 천만 명이 넘는 신자가 있을 정도로 급속히 성장했다. 하지만 20세기 후반 급격한 교세 성장과 부흥의 시대를 경험한 한국 개신교는 국가 내 거대 집단이 되면서 권력을 가질 수는 있었지만, 기독교 영성이 약화되기 시작했다. 교파분열, 신학교 난립, 목회자 자질 문제, 맘몬주의, 불공정한 교회 대물림, 타자(천주교, 타종교, 비기독교인)에 대한 무례, 가나안 신자 200만 명(원래 개신교인이었으나 교회를 떠난 자) 등 현재 한국 개신교는 갱신과 정화, 성찰과 반성을 필요로 하는 시대 속에 살고 있다. 한국 개신교는 믿는 자들에게는 신앙의 의미를 발견하도록 해야 하고, 사회를 향해서는 신뢰를 얻도록 해야 하는 이중과제를 안고 있다. 한번 개혁된 교회는 항상 개혁되어야 하기 때문이다(the church reformed, always reforming).

나오는 말

소아시아에서 예수와 그의 제자들에 의해 시작된 기독교는 현재 전 세계 보편종교가 되었다. 초기 기독교는 박해와 재난의 시대 속에서도 순교 신앙과 사랑의 실천으로 위기를 극복했고, 마침내 313년 로마제국에서 공식 종교로 인정받게 되었으며, 중세 천년의 시대에는 기독교가 서구 문명의 한 기둥이 되었다. 16세기에는 성경과 개인 양심을 강조하는 종교개혁가들에 의해 개신교가 태동하였고, 개신교는 유럽뿐 아니라, 북미의 신앙적, 정신적 토대가 되었다. 북미 개신교의 특징인 성경번역과 배포, 신앙각성운동, 선교운동은 19세기 후반 한국에 복음이 들어오게 된 배경이 되었다.

생각 나누기

01
초기 기독교 시대 재난의 위기 앞에서 보인 신자들의 적극적인 봉사와 섬김의 실천이 사회에 끼친 영향에 관해 생각해 보자.

02
20세기 초반까지 한국 개신교가 민족과 사회에 끼친 긍정적인 영향과 현재 한국 개신교를 향한 사회적 비판을 비교하며, 기독교의 역할이란 무엇인지 생각해 보자.

03
중세 수도원과 대학은 각각 고유의 특징을 살린 기독교 기관이었다. 수도원은 기도를 통해, 대학은 학문을 통해 진리를 탐구하는 장(場)이었다. 하지만 두 기관에서 학문과 기도 경건을 함께 추구한 인물들도 있었다. 한학촌에서 아담스채플로 올라가는 가온길의 '책 읽는 수도원 학생'(독일 조각가 에른스트 바를라흐의 모작)은 수도원 경건과 대학의 학문 기능이 잘 융합된 작품으로 평가된다. 우리 시대 필요한 융합 정신은 무엇이 있는지 생각해 보자.

2부

계명의 역사와 정신을 배우다

* 2부는 빛을 여는 계명인 편찬 위원회 편. 『빛을 여는 계명인』. 대구: 계명대학교 출판부, 2022. 의 내용 일부를 집필인의 허락하에 발췌하였음.

5장

계명의 역사와 정신

5장

계명의 역사와 정신

1. 계명의 역사

계명대학교 역사는 1899년 제중원(濟衆院) 설립으로 거슬러 올라간다. 이는 미국 북장로교회 배위량(裵偉良, Rev. Dr. William M. Baird, 1862~1931) 선교사가 대구 땅에 복음의 씨를 뿌리기 시작한 1893년으로부터 6년, 구한말 갑오개혁에서 선진 문물 견학을 통해 신교육의 수용을 천명한 1894년에서부터 5년 뒤라는 시대사적 의미를 지닌다. 계명대학교 역사의 서장은 기독교의 대구 전래와 근대 의학 및 교육을 통한 구시대의 종언과 신시대의 개막에 해당하는 이정표적인 시기와 맞물려 있다.

1) 근대 의학 교육과 계명의 창립(1899~1953)

계명 역사의 여명은 안의와(安義窩, Rev. Dr. James E. Adams, 1867~1929) 선교사가 열었다. 그는 1895년 5월 29일 부산으로 들어와 그곳에서 한국어 공부와 선교사 실습을 더 한 뒤 1897년 11월 1일 아내 넬리 딕

(Nellie G. Dick, 1866~1909) 여사와 두 아들을 데리고 대구에 부임하였다. 자형 배위량 선교사와 누나 안애리(安愛理, Mrs. Annie L. Baird, 1864~1916) 여사가 4년 전에 미리 터를 닦아 놓은 대구에서 선교를 담당하기 위해서였다. 그는 대구에 부임하자마자 지금의 약전골목 안에 있는 '대구 선교지부(Daegu Station)' 내 사랑채에서 첫 예배를 드렸는데, 대구 기독교계에서는 이날을 대구 최초의 기독교회인 '대구제일교회'[32]의 창립일로 보고 있다.

▲ 제중원 초가 진료소

그는 대구를 기점으로 경산·영천·포항 등 경북 동부 지방을 위주로 선교 사역을 계속하여 해당 지역 선교에 큰 공을 세워 대구·경북 선교의 아버지로 불렸는데, 복음을 기초로 치유와 교육 사역도 병행함으로써 기독교의 3대 사역을 함께 수행하고자 하였다. 이에 안의와 선교사는 1897년 치유 사역을 위해 장인차 선교사를 대구로 초청하였다. 장인차(張仁車, Dr. Woodbridge O. Johnson, 1869~1951) 의료 선교사는 1897년

12월 25일 부인 에디스 파커(Edith M. Parker, 1871~1958)와 함께 대구 남문 안에 도착한 뒤, 1899년 안의와 선교사의 도움 아래 2년여의 준비 끝에 '미국약방'을 열고 뒤이어 '제중원(濟衆院)'[33]을 개원하였다.[34] 이 제중원이 바로 오늘날 '계명대학교 의과대학 부속 동산병원'의 전신으로 이때부터 계명대학교 역사의 서광이 세상을 향해 빛을 발하기 시작하였다.

당시 대구 선교 지부는 3S, 곧 냄새(Smell), 연기(Smoke), 소음(Sound)으로 말미암아 환경이 매우 열악하였다. 이런 곳에서 날로 늘어나는 환자를 진료할 수 없었기 때문에 1903년 제중원을 대구 선교 지부와 함께 지금의 동산캠퍼스 자리로 이전하였다. 그 후 장인차 제중원 초대 원장은 환자 수가 급증하자 1908년과 1909년 사이 제중원에서 근무하던 청년 7명을 선발하여 근대 의학을 가르치기 시작하였다. 그가 가르친 과목은 해부학(Anatomy), 생리학(Physiology), 약품조제(Materia-Medica), 치료학(Therapeutics), 내과학(Practice of Medicine), 산과학(Obstetrics), 외과학(Surgery), 영어(English Language) 등이었다. 다만 당시 여건상 수강 희망생이 많지 않았던 데다가 장인차 원장이 1912년 건강 악화로 미국으로 돌아가는 바람에, 그의 의학 강습이 전문적인 의학 교육 기관 설립으로 바로 이어지지는 못하였다. 그렇지만 그가 제중원에서 행한 강의는 대구 최초의 근대 의학 교육으로 우리나라 근대 의학사에도 특기할 만한 사건이었으며, 거기서부터 계명대학교 의과대학 역사의 여명이 밝아 오기 시작하였다는 점은 분명하다.

2) 학부 교육 기관 계명의 출범(1954~1977)

대구의 근대 교육

안의와 선교사는 대구 선교 지부 부임 초기부터 대구·경북 지역 선교 활동과 함께 대구의 근대 교육에도 깊은 관심을 보이며 실행에 옮겼다. 그는 우선 초중등학교를 설립하여 학생들에게 기독교 정신과 일반 학문을 교육하였다. 1990년과 1992년에 세운 '대남소학교'(현 대구 종로초등학교 전신)와 '신명여자소학교', 1906년과 1907년에 설립한 '계성학교'(현 대구 계성중학교와 계성고등학교 전신)와 '신명여학교'(현 대구 성명여자중학교와 신명고등학교 전신)가 바로 그것이다.

기독교 신앙을 바탕으로 새로운 학문과 사상을 수용하여 국권 회복에 앞장설 수 있는 진정한 교회 지도자를 양성하기 위해서는 초중등 교육만으로 부족하였기에, 그는 대구에 고등 교육 기관의 창립을 꿈꾸었다. 게다가 자신이 설립한 초중등학교에서 근대식 교육을 받은 졸업생이 배출됨에 따라 그들에게 고등 교육의 기회를 제공해야 할 현실적 수요도 있었으므로 그는 1912년 무렵 대학을 설립하고자 생각하였다.

미국 장로교회에서 편찬한 한국 선교의 역사에 관한 책에, 그는 "20세기가 막 시작되던 벽두(the first years of the Twentieth Century)"부터 우리나라 남부 지역에 기독교 대학을 창립하려는 비전을 품고 있었다고 적혀 있다.[35] 감부열(甘富悅, Rev. Dr. Archibald Campbell, 1890~1977) 계명대학 초대 학장은 안의와 선교사가 그냥 꿈만 꾼 것이 아니라, 자신의 꿈을 실현할 대학 창립을 준비하기 위해 이미 동산(東山)의 서쪽 산등성이(현재 대구동산병원 부지)를 구입해 두었다고 회고한 바 있다.[36] 1897년 미국 북장로교회 해외 선교부에서 교회 지도자 양성 계획의 일환으로 평양에 숭실학당(현 숭실대학교의 전신)을 세울 때, 안의와 선교사가 장차 영남 지역에도 대학을 창립하려는 생각에서 숭실학당의 설립을 적극 지지하였다는 사실도 이를 잘 뒷받침한다. 다만 미국 북장로교회 해외 선교부는 한반도 면적 정도의 땅에 평양과 서울 외의 지역에 세 번째 대학의 창립이 필요하다는 데 선뜻 동의하지 않았다. 그로 말미암아 20세기 초 영남 지역에 기독교 대학을 세우려던 안의와 선교사의 꿈이 당장에는 실현되지 못하였지만, 비전의 씨앗은 이미 뿌려져 있었다.

안의와 선교사가 건강 악화로 미국으로 돌아간 뒤 장남 안두화 선교사가 1925년 대구 선교 지부로 부임하여 선교 업무를 물려받았다. 안두화(安斗華, Rev. Dr. Edward N. Adams, 1895~1965) 선교사는 부친이 부임하던 해에 생후 3개월의 갓난아이로 부산항을 통해 우리나라에 처음 들어온 인물로, 미국 시카고 소재 맥코믹신학교 졸업 후 1921년 부인 안수산(安壽山, Susan Comstock, R. N.) 여사와 함께 한국 선교사로 부임하여 황해도 재령에서 활동 중이었다. 그는 대구 부임 후 관할 구역 내 시골 지역에 수많은 교회를 설립하는 등 왕성한 선교 활동을 전개하였다. 그는 1941년 일제의 진주만 공습 후 20일간 투옥과 연금 상태를 겪던 중 1942년 미국으로 강제 출국당하였다가, 1946년 재입국 후 대구로 돌아와 한국 선교부 대표로 봉직하며 한국 전쟁 당시 일본으로의 대피를 거부하고 난민 구호와 피난에도 몸을 사리지 않았던 불굴의 인물이다.

한국 전쟁이 막바지에 이르렀었을 때 그는 선교 활동과 동시에 아버지의 유지(遺志)를 받들어 영남 지역에 대학 설립을 구상하였다. 이때도 미국 해외 선교부의 동의와 지원을 받지 못하였지만, 그는 대구 지역 기독교계 지도자들과 합력하여 독자적으로 대학 설립을 추진하였다. 이에 1953년 6월 11일 11시 대학 설립을 위한 '제1회 기성회 준비위원회'로 계성학교 교장실에서 모였다. 이날 회의 참석자는 안두화, 최재화, 김광수, 박병훈, 오병기, 신후식, 주덕근, 차태화, 신태식 등이었다. 그 후 기성회는 8차례 회의를 거쳐 대학의 재단 설립과 이사 선임을 결정한 뒤 1954년 4월에 대학을 개교하기로 결정하고 해산하였다.

이때 기성회 조직과 재단 설립 및 이사 선임 등을 주도한 사람은 안두화 선교사였고, 한국인으로 실질적인 자문과 보좌역을 담당한 인물은 교육 행정 경험이 많은 신태식 당시 계성중고등학교 교장이었다. 계명이라는 교명도 신태식 교장의 제안을 채택한 것인데, '계명(啓明)'은

▲ 계명기독대학 정초식 입구 현판

계성학교(啓聖學校)의 '열 계(啓)' 자와 신명여학교(信明女學校)의 '밝을 명(明)' 자를 따온 것으로 '빛을 연다'라는 뜻이다. 이로써 계명대학교는 우리나라 대다수 대학이 지명을 따서 교명을 붙인 것과 달리 세상을 향해 빛을 연다는 뜻깊은 이름을 지니게 되었다.

1954년 2월 5일부터 개최된 임시 이사회는 대학 설립 허가를 받을 때까지 1954년 4월부터 사설 학술 강습회인 '계명기독학관'이란 이름으로 개관하기로 하였다. 이에 1954년 3월 20일 경상북도 지사의 인가를 받고 현재 계성초등학교 부지 내 대구시 대신동 283번지 소재 8,400㎡(2,500평, 2ac)의 교지와 안두화 선교사의 사택 등을 빌려 철학과 58명, 영어영문학과 60명 총 118명의 학생으로 4월 19일 '계명기독학관'을 개관하였다. 이때 바로 대학 설립을 이루지 못한 것은 시설과 자금 등의 기준을 충족하지 못했기 때문이었다. 그렇지만 계명기독학관은 대학 설립을 목표로 하고 있었기 때문에 「교육법」 중 대학에 관한 규정에 따라 운영되었다.

▲ 계명기독대학 본관 정초식

계명기독대학 설립

계명기독학관 법인 이사회는 1955년 '계명기독학교' 설립 인가를 받은 뒤 '계명기독대학' 설립 신청을 하여 1956년 2월 18일 마침내 정규 대학 설립 허가를 받아냈다. 1955년 재단법인 계명기독대학 설립 허가서에 명시된 설립자는 안두화, 강인구, 최재화 세 사람이다. 안두화 선교사는 29년간 대구에서 선교 활동을 하고 있었고, 강인구(姜仁求, 1909~1996)는 12년의 교육 경력을 가진 목사로서 장로회신학대학 이사를 역임하고 대한예수교장로회 경동노회장을 세 차례 역임한 원로 목사였으며, 최재화(崔載華, 1892~1962)는 대구제일교회 담임 목사와 대한예수교장로회 총회장을 역임한 목사이자 독립운동가였다. 계명기독대학 초대 이사는 17명(안두화, 강인구, 최재화 세 설립자 외에 14명)이고 안두화 선교사가 초대 이사장을 맡았다.

설립자와 초대 이사들은 전쟁으로 피폐해진 이 나라와 민족을 일으켜 세우고 더 나아가 인류 문화 발전에 크게 이바지할 탁월한 능력의 개척자를 양성하려는 포부를 가졌다. 이에 '그리스도와 그의 나라를 위함'을 교육 이념으로 설정하고, 대명동 본관 준공 후 1956년 2월 대신동 임시 캠퍼스에서 대명캠퍼스로 이전하여 4년제 대학 교육을 본격적으로 실시하기 시작하였다.

계명대학의 기반 조성과 체질 개선

1961년 5.16 군사 정변 후 신태식 박사가 전임 안두화 학장을 이어 계명기독대학 제3대이자 최초의 한국인 학장으로 취임하였다. 동산(董山) 신태식(申泰植, 1909~2004) 학장은 취임 후 대학 발전 기금 모금에 힘쓰면서 일련의 획기적인 조치를 통해 대명캠퍼스 조성과 대학 기반 구축 및 체질 개선에 박차를 가하였다.

그는 취임 해부터 1971년까지 10년 사이에 15회 이상 국외로 나가 대학 발전 기금 모금 운동을 통해 수십만 달러를 모금하여 대명캠퍼스 조성에 투입하였다. 예순이 넘은 노학장이 항공 요금 절약을 위해 홀트 아동복지회 국외 입양 어린아이를 돌보며 가는 조건으로 북미와 유럽 등 장거리 국외 출장을 다닌 것은 계명의 역사에서 잊어서는 안 될 일화이다.

그가 학장 재임 중에 이룩한 조치 중에 특히 주목할 업적은 교명에서 '기독'이라는 두 글자를 떼어낸 것이다. 당시 문교부에 신청한 교명 변경 사유에 "일반 사회에서는 '기독'이라는 어구로 인하여 신학교이거나 또는 기독교 신자만이 입학할 수 있는 대학으로 잘못 인식이 되는 경향이 많아 (중략) '기독'을 교명에서 삭제하여 우리나라 「교육법」에 의한 일반 대학이 아니고 특수한 대학이라는 사회의 잘못된 인식을 불식하고자 함이다."[37]라고 하였듯이, 교명에서 기독을 삭제한 것은 자칫 신학 대학으로 오해받을 여지를 없애고 보편적인 학문을 연구하는 대학으로 성장하기 위해 내린 결단으로 명칭 변경을 넘는 교육 이념의 일대 전환이요 대학 체질 개선의 획기적 조치였다.

이밖에 신태식 학장은 대학의 구조 조정, 학과 증설, 병설 초급 대학(현 계명문화대학교 전신) 설립, 우수 교원 확보 등에 걸쳐 계명대학의 종합 대학 승격과 발전에 필요한 결정적인 토대를 구축하였다.

3) 종합 대학 승격과 통합을 통한 계명 역사의 정립(1978~1995)

종합 대학 승격과 신일희 초대 총장의 과제

1978년 '계명대학'은 종합 대학으로 승격해 문과대학을 비롯한 5개 단과 대학(이부대학 포함), 31개 학과(야간 5개 포함)에 입학 정원 1,350을 보유한 '계명대학교'로 새롭게 출발하였다. 학생 모집 정원이 1954년 4년제 대학 교육을 시작한 때에 비해 20여 년 만에 10배 이상의 규모로 성장하였다. 당시 정부가 종합 대학 승격 억제 정책을 추진 중이었기에 그해 계명이 사립 대학으로서 유일하게 승격한 것은 특별한 의미를 지니는 쾌거였다. 그때 종합 대학 승격의 여건을 마련한 신태식 박사는 '새 술은 새 부대에' 담아야 한다며 법인 이사회의 총장직 요청을 물리치고 받아들이지 않았다.

이에 1978년 1월 법인 이사회는 신일희 박사를 초대 총장으로 선임하였다. 행소(行素) 신일희(申一熙, 1939~) 총장은 취임 후 바로 계명대학교가 지향할 방향 정립에 착수하여, 대학의 존재 이유를 학문의 탁월성 추구와 윤리성 앙양에 두고 이를 교육 목적으로 삼아 '종합 발전 계획'을 세웠다. 그때 신일희 총장은 계명대학교와 대구동산기독병원의 통합, 새로운 캠퍼스 조성이라는 두 가지 시급한 과제에 직면하였다. 하나는 계명대학교가 명실상부한 종합 대학의 면모를 갖추기 위해 꼭 필요한 것이었고, 다른 하나는 대명캠퍼스 규모로는 폭증하는 교육의 수요를 감당할 수 없는 절실한 현실 문제였다.

계명대학교와 대구동산기독병원의 통합

1970년대에 계명대학교와 대구의 기독교인들은 의과대학 설립을 간절히 희망하였다. 그러기 위해서는 종합 병원이 필수적이었으므로 기독교 정신에 입각한 창립의 뿌리가 같은 계명대학교와 대구동산기독병원의 통합이 추진되었다. 두 기관의 통합은 복음을 통한 영과 육의 구원을 실현하면서 계명대학교는 종합 대학으로, 대구동산기독병원은 대학 병원으로의 위상을 한층 더 높이는 사회적, 현실적 의미를 획득할 수 있기 때문이었다. 이에 두 기관을 통합하여 의과대학을 설립하는 것이 지역의 교육 발전에도 큰 도움이 될 것이라는 점에 의견을 같이하고, 1978년 5월 26일 양측 이사회는 두 기관의 통합을 정식 결의하였다. 그 후 계명대학교 신일희 총장을 중심으로 한 두 기관 지도자의 헌신적인 노력 끝에 일부 구성원과 관련 종교 단체의 우려와 이견을 극복하고 1980년 10월 18일 통합 작업을 마무리하였다.

"진리, 정의, 사랑의 나라를 이 땅 위에 이룩하기 위해 봉사와 사랑과 희생의 기독교 정신을 실천하는 의사상(醫師像)을 구현한다."라는 목표 아래 1978년 10월 계명대학교 이공대학 내 의예과 설치 인가와 1980년 10월 2일 의과대학 설립 인가도 받아 놓았다.

이로써 계명대학교 역사는 치유 사역을 위해 '제중원'을 개원한 1899년으로 거슬러 올라가게 되었다. 2014년 계명대학교는 창립 115주년 선포식을 통해 두 기관의 통합을 통한 계명 역사의 정립을 대내외에 널리 알리고, 교육과 치유의 사역을 완수하고자 하는 계명대학교의 정체성을 분명히 정립하였다.

성서캠퍼스 조성 시작

종합 대학 승격 후 매년 폭증하는 학생에게 양질의 교육을 제공하고 교수와 직원의 연구와 행정 지원에 필요한 공간을 확보하기 위해서 새로운 캠퍼스 건설은 시급한 발등의 불이었다. 이에 신일희 총장은 대학이 나아가야 방향과 정부의 정책 방향을 예견하고, 종합 대학 승격 시부터 한발 앞서 새로운 캠퍼스 건설을 위한 마스터플랜을 착실하게 준비하였다. 계명대학교와 대구동산기독병원의 통합 및 의과대학의 신설, 새 병원의 신축과 개원 또한 성서캠퍼스의 규모를 획정하는 핵심적인 고려 사항이었다.

계명대학교는 두 가지 철학 아래 성서캠퍼스 조성을 계획하였다. 첫째, 우리나라의 경제 개발과 대구시의 균형 발전 및 대형 종합 대학의 규모에 걸맞은, 우리가 주인이 되는 한국인 경영의 학문 전당을 조성하는 것이다. 둘째, 기존 동산캠퍼스와 대명캠퍼스의 역사를 계승하고, 계명대학교의 교육 이념을 구현할 수 있는 자연 친화적이면서도 전통과 현대 및 동양과 서양의 조화, 인문학과 자연 과학 등 기초 학문과 예술, 실용적인 공학 인재 양성과 산학 협력을 함께 수행할 수 있는 종합 캠퍼스를 조성하는 것이다.

계명대학교는 1978년 5월 달성군 성서면 일대 166만m^2(50.2만 평) 매입을 결정하고, 1979년 9월 26일 경상북도로부터 현재의 캠퍼스 공간을 학교 부지 시설로 인가(경상북도 고시 제291호)받으면서 성서캠퍼스 건설에 착수하였다. 1981년 9월에 착공해 1982년 12월에 완공한 백은관이 성서캠퍼스 조성을 대내외에 알린 최초의 가시적 결과물이었다. 이공대학이 1983학년도부터 이 새로운 캠퍼스에서 첫 수업을 시작함으로써 성서캠퍼스 시대의 서막을 열었다.

4) 제2의 창학과 계명 웅비의 발자취(1996~현재)

대학 본부 이전과 제2의 창학 선언

계명대학교는 1996년 3월 성서캠퍼스 본관인 행소관 건축 후 대학

본부를 이전하면서 '제2의 창학'을 선언하였다. 이는 당시 성서캠퍼스에 백은관, 영암관, 봉경관, 스미스관, 공학관 등 주요 단과 대학 건물과 명교생활관(학생 기숙사), 노천강당, 체육관, 바우어관(학생회관) 등 학생 복지 및 교육 시설, 동산도서관과 전산원 등 학술 정보 및 행정 지원 시설에 이르기까지 대학 캠퍼스로서의 기본 요소를 갖추고 새로운 도약의 발판을 구축하였다는 자신감과 의지의 표현으로 본격적인 성서캠퍼스 시대의 개막을 교내외에 알리는 선언이었다.

제2의 창학 선언에는 향후 세 가지 목표 아래 성서캠퍼스 조성을 마무리하겠다는 대학의 경영 철학과 방침이 담겨 있었다. 첫째, 성서캠퍼스를 지역 균형 발전 및 교육과 학문의 세계화 기지인 글로컬 캠퍼스로 육성하는 것이다. 둘째, 학문과 사회를 연결하는 산업 회랑인 산학협력 캠퍼스로 조성함으로써 인문·예술 분야 중심으로 성장해 온 계명대학교의 체질을 개선하고, 성서캠퍼스에서 자연과학과 공학 분야의 육성도 강화하는 것이다. 셋째, 성서캠퍼스를 지역의 보건 의료 증진과 생태 회랑 조성의 중심축으로 삼는 것이다.

성서캠퍼스와 현재 계명의 발전상

1954년 3명의 교수가 임시 캠퍼스에서 118명의 학생을 가르치던 계명대학교는 성서캠퍼스를 중심으로 2024년 4월 기준, 입학 정원 4,635명에 2만여 명의 재학생, 3천여 명의 외국인 유학생, 850여 명의 내외국인 전임 교원을 갖춘 초대형 종합 대학으로 성장하였다. 그리고 1899년 초가(草家) 진료소로 시작했던 '제중원(濟衆院)'은 2019년 성서캠퍼스로 이전·개원하면서 1,041병상의 최첨단 시설을 보유한 영남 지역의 대표적 의료 기관으로서 국내외의 의료 지원과 봉사를 담당하는 '계명대학교 동산병원'으로 환골탈태하였다.

더군다나 계명대학교는 동산캠퍼스, 대명캠퍼스, 성서캠퍼스에 이어 달성군에 '계명대학교 모빌리티캠퍼스'와 칠곡군에 '칠곡캠퍼스' 등 5개 캠퍼스를 조성하였다. 이로써 계명대학교는 이 5개 캠퍼스와 계명대학교 동산병원, 대구동산병원, 경주동산병원의 3개 종합 병원을 구비하

▲ 성서캠퍼스 가을 전경

▲ 계명한학촌

고, 4,454,435㎡(1,347,467평)의 교지에 703,679㎡(212,963평)의 교사(校舍)와 180여 개의 건축물을 보유하게 되었다. 나아가 국외로 계명의 영토를 확장하여 해외 소재 4곳에 '세종학당'과 '계명-코리아센터', 중국에 '창춘대학교(長春大學) 계명학원(啓明學院)'을 설치하는 등 다국적 캠퍼스를 구축하여 글로벌 교육을 시행하고 있다.

수많은 건축물 중에서 동산도서관, 아담스채플, 계명아트센터, 행소박물관, 계명한학촌, 계명대학교 동산병원 등은 성서캠퍼스는 물론 지역의 상징물로 주목받고 있다. 이 대표적 건축물은 학문의 탁월성을 추구하고 교육의 윤리성을 앙양하며, 학문적 성과를 산학 협력을 통해 지역 사회에 기여하고, 기독교 정신을 계승하며, 각종 공연 예술을 향유함은 물론 역사적 유물과 예술품 및 전통을 전시·보존하는 공간인 동시에 지역민의 삶을 지키는 치유 센터 등 다양한 방면으로 활용되고 있다.

▲ 계명아트센터

2. 계명의 정신

계명 정신은 믿음, 소망, 사랑의 기독교 정신에 뿌리를 두고 계명의 창립부터 오늘에 이르기까지 전 역사를 통하여 면면히 이어져 온 소중한 정신적 자산이고 가치로서, '개척 정신'과 '학문의 탁월성 추구' 및 '봉사 정신'의 세 가지이다. 이는 창립 당시부터 그 실체가 규정되어 있었던 것이 아니라, 훗날 계명의 역사에 대한 통찰과 대학 경영 철학을 되돌아보는 가운데서 정립된 것이다.

계명 정신의 명시적 정립은 신일희 총장의 2004년 중국 베이징어언대학교(北京語言大學) 특임 교수 임용 기념 특강에서 비롯되었다. 그는 계명이 출범과 성장 과정에서 줄곧 견지해 온 세 가지 규범이 있다면서 이렇게 말하였다. "첫째는, 계명 설립 의지에 따른 개척 정신의 규범입니다. 둘째는 대학의 본질이라 할 진리 탐구에 따른 탁월성 추구의 규범입니다. 셋째는 학문과 교육을 포함하는 진리 탐구의 결실에 따르는 봉사 책무의 규범입니다."[38] 그는 2024년 5월 계명대학교 '창립 125주년 특집 인터뷰'에서도 계명이 수많은 위기 속에서 흔들리지 않고 우뚝 선 비결로 계명 정신을 꼽으며 "우리 학교는 선교사들에 의해 시작됐지만, 자체적인 역량을 통해 독립적으로 성장했습니다. 그런 모습에 외부 독지가들이 자발적으로 재정적 도움을 주기도 했죠. 그 자체적 역량은 바로 계명 창립의 근간이 되는 '계명 정신'입니다. 개척 정신, 학문의 탁월성 추구, 봉사 정신 이 세 가지가 창립 당시부터 오늘날까지 성장하고 발전해 온 바탕이자 계기가 되었습니다."[39]라고 다시 한번 강조하였다. 계명 정신은 『계명대학교 발전 계획—계명 비전 2020』(2010) 등에 핵심 내용으로 반영되었다. 이처럼 계명대학교의 계명 정신 정립은 단순히 과거를 되돌아보면서 그 속에 흐르는 정신의 역량을 추출하기 위해서가 아니라, 그 실체에 대해 전 계명 공동체가 공감대를 형성하고 확산시키는 동시에 대외 홍보로 널리 활용함으로써 계명의 미래 성장·발전을 지속시키려는 의지에서 나왔다.

1) 개척 정신

계명대학교는 창립부터가 미래지향적이고 적극적인 사고와 의지에서 나온 도전적 '개척 정신(Frontier Spirit)'의 산물이었다. 안의와 선교사는 20세기 벽두부터 이미 영남 지역의 중심지인 대구에 기독교 대학을 세울 꿈과 비전을 갖고 있었지만, 재원 확보 등의 여건이 갖추어지지 못해 당장 이루지는 못하였다. 그리고 일제 강점기와 한국 전쟁의 고난이 연달아 이어짐에 따라 대구에 기독교 대학을 설립하려는 비전은 뒤로 미루어질 수밖에 없었다.

그러나 어두운 밤의 시간이 길면 길수록 새벽을 기다리는 열망 또한 그만큼 커지는 법, 대구 지역에 기독교적 세계관을 갖춘 지도자의 육성이 절실하던 차에 안의와 선교사의 아들인 안두화 선교사와 지역의 기독교계 선각자들이 이 일에 앞장서고 나섰다. 그들은 대구에 고등 교육 기관을 세우고자 한 안의와 선교사의 비전을 한시도 잊지 않고 소중히 간직하고 있었기에, 한국 전쟁이 끝날 무렵 1953년부터 바로 본격적으로 기독교 대학 설립에 착수하였다.

그들은 이 땅에 복음을 전할 지도자 양성이라는 사명감을 품고 있었기에 열악한 조건에서도 고등 교육 기관을 설립할 수 있었다. 그 사명감이 기독교 정신에 기초를 두고 대한민국 「교육법」에 따른 고등 교육 시행의 꿈을 실현하는 원동력으로 작용하였다. 따라서 계명대학교의 창립은 50여 년이라는 오랜 기간 포기하지 않고 도전해 이루어 낸 '개척 정신'의 산물임이 분명하다.

계명대학교 창립의 토대가 된 개척 정신은 캠퍼스 조성과 건설 과정에서도 여실히 작용하였다. 즉, 계명이 산신령이 살고 있다는 고목나무와 무연고 묘지가 있던 황폐한 땅을 복음 전파와 치유의 터전인 동산캠퍼스로, 화장터가 앞에 있는 황폐하고 척박한 바위산 둔덕을 깎아 대명캠퍼스로, 대구 서쪽 끝의 황량한 벌판과 산기슭을 일구어 약 140종, 20만 그루의 각종 나무가 자라는 성서캠퍼스로 조성한 것은 불굴의 개척 정신 없이는 불가능하였을 터이다.

계명의 개척 정신은 약학대학 유치 과정에서도 고스란히 드러난다. 계명대학교는 동산병원과 통합한 1980년부터 장인차 의료 선교사가 1899년 한강 이남에서 최초로 연 약국인 '미국약방'을 근거로 교육 당국에 약학대학 신설을 신청하였지만, 제도적 제한 등으로 말미암아 번번이 받아들여지지 않았다. 그렇지만 이에 굴하지 않고 끈질기게 도전한 결과 2010년 정부로부터 설립 인가를 받아냈다. 111년에 걸친 오랜 꿈과 30년간 9차례에 걸친 끊임없는 도전이 마침내 결실을 보게 되었다.

이밖에 계명대학교는 학생을 위한 끊임없는 교육 개혁을 통해 교육 편제와 학사 제도, 학생 교육과 지도, 교수 채용과 연구 지원 등 학사 운영 전반에 걸쳐 한국 사회의 오랜 관행에 안주하기를 거부하고 늘 새로운 시도를 해왔다. 1970년대에 타 대학이 엄두조차 내지 못하던 교수 계약제를 시행하고, 강의 계획서 작성과 배부를 제도화하였을 뿐 아니라 학생 면담 시간을 정하고 준수하도록 하였다. 1996년에는 전국 대학 최초로 학생들에 의한 교수의 강의 평가를 시행하고, 1998년부터 이를 교수 업적 평가에 반영해 오고 있다.

이런 선행 조치를 기초로 계명대학교는 2011학년도에 '지역과 세계를 향해 빛을 여는 교육 중심 대학'으로 자리매김해 나가겠다는 비전을 제시해 당시 교육과학기술부의 '잘 가르치는' '학부 교육 선진화 선도 대학(ACE)'에 선정되었다. 1970년대에 시험적으로 실시한 교수 계약제는 훗날 1998년에 들어와 전면적으로 실시한 교수 업적 평가제와 그것에 근거한 교수 연봉제 채택의 밑거름으로 작용해 학문의 탁월성 추구를 위한 기폭제가 되었다. 최근에 들어와 우리나라 주요 국립 대학이 교수 연봉제를 도입하고 있는 점을 상기할 때, 이 또한 국내 여타 대학보다 최소한 10여 년 앞서 실시한 획기적인 시도였다.

2) 학문의 탁월성 추구

계명대학교는 미국 선교사와 지역 기독교계 선각자의 개척 정신을 통해 창립되었고, '학문의 탁월성 추구(Pursuit of Academic Excellence)'를 중시함으로써 기독교 대학을 넘어 보편적인 학문을 연구하는 대학으로 발전할 수 있었다. 여기서 탁월성이란 남들보다 앞선다는 상대적인 의미도 있지만, 학문 자체를 철저하게 탐구한다는 투철함의 의미도 담고 있다.

바로 이 점이 계명대학교가 종합 대학으로 성장·발전하는 원동력으로 작용하였다. 그 실마리는 1960~70년대 계명대학교를 이끈 신태식 학장이 교회에 얽매이지 않는 개방적이고 보편적인 교육과 연구를 주창하면서 학문의 탁월성 추구를 위해 기울인 일련의 조치에서 비롯되었다. 신태식 학장은 우수 교수 확보를 위해 후한 대우와 지원을 내걸고 전국으로 뛰어다녔을 뿐 아니라 국외로까지 눈을 돌려 학연이나 지연에 관계없이 우수 교수를 채용하였다. 또 제도적 기반 마련을 위해 1970년대부터 전국 최초로 교수 업적 평가제와 업적 평가에 근거한 교수 계약제를 시행하여 교수들이 학문 연구의 탁월성을 추구하도록 독려하였다.

그 결과 계명대학교가 제법 4년제 대학다운 규모를 갖추었다고 할 수 있는 1970년대 중반경에는 각 학문 분야에서 당대 전국 최고 수준의 신진 교수들이 계명 동산에서 연구와 교육에 몰두하였다. 당시 교수들은 삶터인 동시에 일터인 학교 캠퍼스 내에서 학과의 경계를 넘어서서 서로 친교하고 함께 일할 수 있는 풍토 아래에서 연구 활동을 매우 활발하게 수행하였다. 그로 말미암아 '계명에서 닭이 울어야 날이 밝는다.' 라는 말이 학계에 유행할 정도로 당시 계명대학교 교수들이 당대의 학문 연구를 주도하였다. 계명대학교에서 재직했던 한 교수는 그 시절을 회고하면서 계명을 "교수의 논산훈련소"[40]라고 하였다.

1978년 3월 계명대학교가 종합 대학으로 승격하면서 학문의 탁월성 추구는 교육 목적의 하나로 설정되었다. 신일희 총장은 「초대 총장 취임사」에서 대학의 존재 이유가 높은 학력과 윤리성에 있다는 신념 아래 '학문의 탁월성 추구와 윤리성 앙양'을 계명의 교육 목적으로 제시하고, 어느 대학보다 충실하게 대학의 본질적 사명 달성에 매진할 것임을 선언하였다.

3) 봉사 정신

계명대학교는 인성 교육에 기초한 전문 교육을 실시하고, 각 학문 분야의 전문 지식을 탁월한 수준으로 연구하며, 그런 연구의 결과를 윤리적으로 사용할 수 있도록 하는 것을 교육 목적으로 설정하였다. 이는 인간이 언어를 통해 방대한 양의 지식을 창조하고 축적함으로써 인류 문화를 발전시켜 왔지만, 그 부작용 또한 만만치 않다는 반성에서 나온 것이다. 인간이 창조한 지식과 문명의 이기는 날카로운 칼날과 같이 이중성이 있어서 인간이 야만과 미개의 상태에서 벗어나 인간답게 존엄하고 행복하게 살 수 있도록 해주었지만, 인간성을 파괴하고 심지어 인류의 생존 자체를 위협하는 수단으로 오용된 사례도 적지 않았기 때문이다.

지식이 전문화되고 문명이 발달할수록 참된 인간성의 소중한 의미에 대한 자각과 그것을 가꾸어 나가기 위한 교육이 절실히 필요하게 된다. 이에 계명대학교는 학문의 탁월성 추구에 앞서 전인성 교육을 강조하고, 나아가 탁월한 학문적 성취를 윤리적으로 사용해야 함을 교육 목적으로 삼은 것이다. 이 교육 목적은 '진리와 정의와 사랑의 나라를 위하여'라는 교육 이념의 구현이자 그것의 토대가 된 기독교 정신의 실천에 다름 아니다.

진리와 정의와 사랑이라는 세 가지 숭고한 가치는 표면적으로는 삼위일체의 구조를 이루고 있지만, 그 궁극적 지향점은 사랑이다. 이런 이웃 사랑의 발로가 바로 '봉사 정신(Servant Spirit)'의 핵심이다. 봉사는 우월적 지위나 능력을 이용해 남에게 시혜를 베푸는 것이 아니므로 '섬김'의 자세가 무엇보다도 중요하다. "너희 가운데서 누구든지 위대하게 되고자 하는 사람은 너희를 섬기는 사람이 되어야 하고, 너희 가운데서 누구든지 으뜸이 되고자 하는 사람은 모든 사람의 종이 되어야 한다. 인자는 섬김을 받으러 온 것이 아니라 섬기러 왔으며, 많은 사람을 구원하기 위해 치를 몸값으로 자기 목숨을 내주러 왔다."(마가복음서 10장 43~45절)라고 한 예수 그리스도의 말씀은 섬김의 의미를 가장 잘 나타내 준다. 계명대학교는 예수를 믿고 그를 닮아 이 땅에 그의 성스러운 빛을 밝게 비추기 위해 창립된 만큼, 모든 계명의 구성원은 섬김의 봉사 정신을 태생적인 가치로 간직하고 있다.

나아가 계명대학교가 봉사 정신을 소중한 가치로 간직하며 그것을 적극적으로 실천하게 된 데는 값없이 받은 사랑에 감사하고, 그 사랑을 도움과 손길이 필요한 이웃과 나누려는 생각이 크게 작용하였다. 수많은 선교사가 계명대학교의 창립과 발전을 위해 수십 년간 희생적인 노력을 쏟았고, 독지가들도 이역만리 먼 나라의 계명대학교에 거금을 쾌척하였다. 국내적으로도 창립 이후 지속적인 발전을 하는 과정에서 청지기적 사명을 가지고 학교를 위해 혼신의 정열을 쏟은 분들의 헌신과 함께 많은 독지가와 동문 및 교직원의 지원이 이어졌다.

계명대학교는 학생들에게 봉사 정신을 심어주기 위해서는 재학 시절 교육을 통한 학습이 필요하다고 생각해 1958년부터 근로 장학생 제도를 시행하였다. 안두화 학장의 주선으로 시작한 이 제도의 취지는 학교가 재정적으로 어려운 학생들에게 봉사를 실천하는 의미의 장학금을 지급하고, 장학금을 받은 학생은 학교 내에서 근로 활동 봉사를 함으로써 학교에 상응하는 대가를 되돌려 주도록 하는 것이다. 이 제도는 현재까지 계명의 아름다운 전통으로 면면히 이어져 매년 수백 명의 학생이 혜택을 누리며 봉사 활동에 종사하고 있다. 최근에 계명대학교는 여기서 한 걸음 더 나아가 본인이 받은 장학금을 자신보다 더 어려운 형편의 다른 학생에게 돌려주는 명예 장학생 제도도 시행하고 있다. 몇몇 학생의 자발적인 참여로 시작한 이 제도는 나눔의 이웃 사랑을 실천하는 봉사 정신의 아름다운 표현이다.

현대 사회는 날이 갈수록 개인주의가 팽배해 감에 따라 구성원들이 각자 마음의 문을 닫고 자신 속에 갇혀 마치 군중 속의 고독과 같은 삶을 사는 경향이 두드러진다. 이런 시대 풍조 속에서 계명대학교는 인간이 사회적 존재로 공동체를 구성해 서로 협동함으로써 다른 동물이 따라올 수 없는 높은 문명을 일구어냈다는 인식 아래, 젊은이들에게 이웃과 나누는 삶의 가치를 교육할 필요가 있음을 절감하였다. 그리하여 교육 과정에 다양한 봉사 관련 과목을 개설·운영하고 있다.

이런 교육을 통해 봉사 정신을 체득한 계명의 학생들은 헌혈 차량에 가서 자기 몸의 생명소를 필요한 이웃을 위해 기꺼이 내놓기도 하며, 일손이 필요한 국내외 현장으로 달려가 다양한 봉사 활동을 전개해 오고 있다. 개인 단위로 인근 고아원이나 양로원 또는 장애인 복지 시설에 가서 고아나 노인 또는 지체 부자유한 이웃의 목욕이나 빨래 등을 담당하고, 병원이나 요양 시설에 가서 청소 또는 심부름 등 궂은일을 마다하지 않고 있다. 나아가 학생회나 동아리 차원에서 조직적으로 펼치는 국내외 봉사 활동도 면면히 이어져 그 규모나 횟수가 매년 확대일로에 있다.

학생을 교육하고 지도하는 교직원도 솔선수범해 봉사 활동에 나서고 있다. 교수와 직원들은 기회가 있을 때마다 자기가 가진 재능과 시간 또는 재물과 노동력을 바쳐 이재민이나 사회적 약자에게 도움을 주는 것은 물론, 국내외를 가리지 않고 교육과 선교 및 의료 봉사를 해오고 있다. 특기할 점은 1987년 영남 지역 최초로 동산의료원 내에 결성된 호스피스회가 지금까지 수천 명에 달하는 말기 환자를 보살핀 활동이 뿌리가 되어, 2004년 '계명1%사랑나누기' 운동을 전개하기에 이른 것이다. 이는 지난 세월 동안 계명대학교가 진리를 탐구하고 정의를 구현하기 위해 힘써 왔다면 앞으로는 '사랑'을 나누는 일에 더 힘쓰겠다는 결의에서 나온 것으로, 앞으로 봉사 활동을 단발성 행사로 끝내지 않고 상시적이고 체계적으로 수행하겠다는 계명 공동체의 의지가 자발적으로 표출된 것이라는 점에서 의미심장하다.

2) 계명 정신의 실천

청정절융의 설정

"세상을 이끌어가는 힘은 현학적 논쟁이기보다 생활 윤리에 충실한 실천적 삶"[41]이라는 견해처럼, 계명인이 생활 속에서 실천으로 옮길 때 계명 정신은 더욱 아름답게 빛날 것이다.

이에 계명대학교는 2009학년도부터 '청정절융(淸正節融)' 곧 청결(淸潔, Cleanliness), 정직(正直, Integrity), 절약(節約, Frugality), 융합(融合, Harmony)을 계명 정신의 생활 실천 덕목으로 내걸고 학사 운영과 대학 생활 전반에 걸쳐 구성원 모두가 이를 실행에 옮기려고 노력하고 있다. 특히

'청정절융'을 구체적 실천 목표 곧 계명의 '생활 표어'로 정한 것은 세계적인 금융 위기의 여파로 국내외 경제 여건이 어려웠던 당시 상황에서 학생과 학부모의 경제적 어려움을 함께 나눈다는 취지 아래, 계명의 구성원 모두가 한마음으로 앞장서서 청결하고 정직한 청지기로서의 내핍 생활에 동참하자는 현실적 요구에 부응하기 위한 것이었다. 이처럼 현실적 필요에 따라 새롭게 출발하였다는 점에 '청정절융'이라는 생활 실천 표어 설정의 또 다른 의의가 있다.

'청정절융'이라는 생활 실천 덕목은 거슬러 올라가면 계명대학교 창립의 모태가 된 미국 북장로교회의 청교도적 세계관과 윤리에 뿌리를 두고 있다. 청교도(Puritan)들은 종교 개혁은 물론 도덕적 사회 개혁을 지향하는 세계관을 가지고 있어서, 사상 자체가 "빈틈없는 논리성 위에 선 정확하고 잘 다듬어진 이론 체계라기보다는 역동성과 신념으로 충만한 하나의 '삶의 방식'인 동시에 그것을 현실 속에 실현하려는 하나의 운동"[42]이었기 때문에 매우 실용적인(Pragmatic) 지향성을 지니고 있었다. 따라서 청교도의 윤리도 단순히 맑고 깨끗한 정신 또는 윤리의식만을 유지하려고 하는 것이 아니라, 삶의 상황을 개선하고 삶을 윤택하게 하는 현실적이고 실용주의적인 윤리였다.

초기 선교사들이 우리나라에 와서 선교할 때 단순히 기독교의 전파에만 힘쓴 것이 아니라, 한국인의 삶 전반에 걸쳐 삶의 방식을 새로운 것으로 대체하려는 계획을 품고 있었다. 선교사들의 이런 정신이 우리 계명의 창립과 교육 및 경영에 반영되었고, 그것이 계명인의 삶 속에 뿌리내려 고귀한 전통으로 면면히 이어져 내려오다가 새로운 도약과 세계 봉사를 시도하는 계명대학교에 '청정절융'이라는 생활 실천 덕목으로 구체화된 것이다.

청정절융의 구현

계명대학교는 2010년 중장기 발전 계획인 '계명 비전 2020'에 청정절융의 덕목을 실천하여 계명 정신을 실현하고, 청정절융의 정신을 기반으로 지역과 세계를 향해 빛을 여는 '교육 중심 대학'으로서의 사명을 달성하자는 청사진을 담았다.

그리고 청결, 정직, 절약, 융합의 의미에 대해서도 각각 '추진 전략'과 '기본 목표'로 도식화하여 일목요연하게 정리하였다. 특히 추진 전략은 매우 세부적으로 제시하여 계명 공동체의 모든 구성원이 생활 속에서 구체적으로 실천해야 할 내용들을 적시하였다. 2016년에는 '청정절융'이라는 생활 표어의 실천 과제 및 실천 지침과 담당 부서까지 구체적으로 정하여 청정절융을 올바르게 실천하는 교직원상과 학생상을 제시하고, 청정절융을 생활 윤리로 몸에 배게 함으로써 계명 정신을 실질적으로 계승하자는 실천 목표를 천명하였다.

생각 나누기

01 기독교가 대구에 전래한 초기에 우리 고장 대구·경북 지역과 우리 대학교에 끼친 영향은 무엇인가?

02 계명 정신의 내용은 무엇이며, 어떤 과정으로 정립되었는지 알아보자.

03 계명대학교는 계명 정신을 실천하기 위하여 어떠한 노력을 기울여 오고 있는가?

6장

계명의 선구자

늘을 마련했다

6장

계명의 선구자

들어가는 말

선구자는 역사 속에서 단순히 새로운 길을 만드는 사람들이 아니다. 그들은 각자의 시대 속에서 불확실한 미래를 살았던 모든 구성원을 이끌었던 인물들이다. 이들은 항상 한 걸음 앞서 나가며, 변화의 바람을 타고 새로운 가능성을 제시해 왔다. 우리가 이들에 대해 알아봐야 하는 이유는 그들이 각자의 방식으로 우리에게 새로운 용기와 희망을 주었기 때문이며 그들이 남긴 메시지는 지금도 여전히 중요하다. 특히 계명대학교 선구자들의 이야기를 통해 우리는 그들이 어떻게 각기 다른 방법으로 도전에 맞섰고, 그 결과 어떤 변화를 이끌어냈는지를 살펴볼 수 있다. 이 글은 단순한 역사적 사실 나열이 아니라, 그들 각각의 삶의 의미와 나아갈 방향에 대한 깊은 성찰을 제공하는 것을 목표로 하고 있다. 그러므로 이 글을 함께 읽으면서, 그들로부터 어떤 교훈을 얻을 수 있을지, 그리고 우리 스스로 어떻게 성장하고 변화를 이끌어낼 수 있을지에 대한 질문을 던져보자.

1. 계명대 설립자: 안의와, 안두화 목사

▲ 대구·경북 선교의 아버지, 안의와

안의와(安義窩)는 James Edward Adams(1867~1929)의 한국 이름이다. 안의와는 1867년 5월 2일 미국 인디애나주 맥코이(McCoy)에서 태어나 일찍 아버지를 여의고 외갓집이 있는 뮤지컬과 영화로 유명한 〈오즈의 마법사〉의 배경인 캔자스주의 토피카에서 성장했다.

안의와 선교사는 초창기 학교법인 계명기독대학 초대 이사 중 한 명이었던 안두화 초대 이사장의 아버지이기도 하다. 캔자스주 위시번대학교(Washburn Univ.)와 존스홉킨스대학교(Johns Hopkins Univ.)를 거쳐 맥코믹 신학교를 1894년에 졸업하고 같은 해에 미국 토피카노회에서 목사 안수를 받았다.

1895년 미국 북장로회 소속 한국 파송 선교사로 임명받아 1893년에 결혼한 부인 넬리 딕(Nellie G. Dick, 1866~1909)과 생후 2개월 된 아들 안두화를 안고 1895년 5월 29일 부산에 도착하였다. 그 후 1891년부터 부산에서 선교사로 활동하고 있던 매형 배위량(裵緯良, William M. Baird, 1862~1931) 선교사와 함께 사역하다가 1897년 11월 1일 가족, 어학 선생 김재수 등과 함께 대구로 선교지를 옮겼다.

부산에서 대구로 온 안의와 선교사는 '남문안 교회'를 설립하고 기독교 정신에 바탕을 둔 개척과 봉사 정신에 투철한 인재를 길러내기 위해 현재 계성 초·중·고등학교의 전신인 '계성학교'를 설립했다. 1897년 기독교인이 한 명도 없던 것에 비해 1945년에는 교회가 17개까지 설립되는 등 안의와 선교사가 대구에 온 이후 대구지역의 기독교 교회는 크게 성장했다.

안두화(安斗華, Rev. Dr. Edward Adams, 1895~1965)는 1895년 2월 6일 미국 캔자스주 토피카에서 태어났다. 그는 아버지 안의와 선교사를 따라 태어난 지 2개월 만에 한국으로 왔다. 1921년 황해도 재령에서 선교활동을 하던 그는 1925년 아버지의 선교지였던 대구로 옮겼다. 기독교 정신을 바탕으로 대학을 세우기로 결심한 안두화 목사는 세 명의 계명기독대학 설립자 중 한 명이다.

▲ 계명대학교 설립자, 안두화

기성회 조직 첫 모임[43]은 1953년 6월 11일 계성학교 신태식 교장실에서 열렸고, 안두화 목사가 회장을 맡았다. 이후 이 기성회는 대학의 재단 설립과 이사선임을 결정하고, 1954년 4월에 개교하기로 했다.

1954년 3월 20일, 안두화 목사는 아버지의 꿈이었던 계명기독대학 설립을 50년 만에 이루었다. 이 대학은 1954년 4월 19일 '계명기독학관'이라는 이름으로 개관했다. 그는 미국 북장로교회 선교부에 예산을 청원했으나 4천 달러밖에 모금하지 못했다. 그러나 스미스 박사가 1953년에 내한했을 때 12만 5천 달러의 재정 지원을 요청했고, 요청한 금액보다는 적지만 결국 9만 달러의 지원을 받게 되었다. 미국 해외 선교부 한국 담당관으로서 9만 달러의 대학 설립 자금을 마련해 준 스미스 박사의 공적을 기념하여 계명대학교는 성서 캠퍼스 Tabula Rasa College 소속 건물을 스미스관(The John Coventry Smith Hall)이라 명명했다.

1955년 재단 법인으로 문교부의 허가를 받았고, 1956년 2월 18일 대학으로 공식 허가를 받았다. 그 후 대명동의 부지를 매입하고, 1955년 2월 8일 본관 기공식을 갖고 5월 5일에 초석을 놓았다. 본관은

1956년 2월 1일에 준공되어 대신동에서 대명캠퍼스로 이전했다. 1958년에는 도서관이 건축되었고, 기부받은 장서가 마련되었다. 안두화 목사는 1958년 감부열 초대 학장이 임기를 마치고 정년 퇴임하자 학장직을 맡은 후 건축 자금 확보에 계속 힘썼다. 이때 안두화 목사는 미국 위스콘신주 니나의 외가 이모인 헬렌 뱁칵(Helen Babcock)과 엘리자베스 뱁칵(Elizabeth Babcock) 자매로부터 거액의 자금을 얻어 22명의 교수들이 거주할 수 있는 현대식 교수 사택을 캠퍼스 내에 지었고 그 교수촌을 '뱁칵마을(Babcock Village)'이라 명명했다.

1961년 군사 정변으로 인해 교수의 정년이 65세에서 60세로 단축되고 외국인은 대학의 장이 될 수 없게 되자, 66세였던 안두화 목사는 신태식 부학장을 후임으로 임명하였다. 명예 학장, 협동 학장으로 추대된 안두화 목사는 1962년 2월 20만 달러 대학 발전 기금 모금 운동을 시작하여 많은 기부를 받았다.

안두화 목사는 1965년 9월 7일 70세의 나이로 미국 오레건주 메드포드에서 소천했다. 계명대학교는 그의 신성하고 고귀한 개척 정신과 봉사 정신을 기리기 위해 대명 캠퍼스 미술대학 건물을 아담스관(The Edward Adams Memorial Hall)으로, 성서 캠퍼스 채플을 아담스채플(The Adams Hall of Worship and Praise)이라 명명했다.

2. 계명대 또 다른 설립자: 최재화, 강인구 목사

계명기독대학의 세 설립자 중 한 명인 백은(白恩) 최재화(崔載華) 목사는 1892년 12월 18일 경북 선산군 해평면에서 농부의 아들로 태어났다. 그는 부모의 농사일을 도우며 서당에서 글을 배우게 되었다. 1907년, 그의 고향에 복음이 전해졌고, 이는 미국 예수교 북장로교회 선교사인 안의와 목사의 순회 전도 덕분이었다. 1909년, 최재화는 안의와 선교사의 주선으로 서울의 경신학교에 입학했다. 이 학교는 1886년 미국 북장로교회 한국 선교사 원두우(Horace G. Underwood, 1859~1919) 목사가 설립한 중등 교육 기관으로, 1915년 경신학교 대학부가 연희전문학교로 발전하여 현재의 연세대학교가 되었다.

최재화는 1914년 졸업하기 직전, 부모의 정혼으로 김금심과 결혼하였고, 졸업과 동시에 경남 진주 심상소학교에서 교사로 일하기 시작했다. 1916년에는 동경 일본대학에서 법학을 공부하고, 2년 후 귀국하여 1919년 대구 3.8 독립 만세 운동과 선산의 4.3 독립 만세 운동을 주도했다. 그러나 그는 지명수배를 받아 중국으로 망명하게 되었고, 일제의 궐석 재판에서 징역 8년을 선고받았다.

중국 망명 생활 중 최재화는 금릉 신학교에 입학한 후, 화북신학교로 진학하여 1924년 12월 졸업하였다. 이후 그는 중국 산동성 다의강(多義講) 교회의 청빙을 받아 산동노회에서 목사 안수를 받고 목회 활동을 시작했다. 독립운동으로 8년 징역을 선고받아 고국으로 돌아올 수 없었던 그는 형 집행 기간이 지나서도 5년이 더 지나야 자유롭게 될 수 있었다. 최재화는 중국과 만주에서 10년을 산 후 1931년 안의와 선교사가 세운 당시 남성정교회(현 대구제일교회)의 목사로 청빙되었다.

1955년, 계명기독대학이 설립되었을 때 그는 대학재단법인의 초대 설립 이사가 되었고, 1958년 9월 18일 안두화 목사가 제2대 학장으로 취임하자 최재화는 제2대 이사장으로 봉사하였다. 또한 1949년부터 1953년까지 계성중·고등학교 재단 이사장을 역임하고, 대구 장로회신학교(현 대신대학교) 설립에도 참여하였다. 최재화는 1962년 9월 17일, 70세의 나이로 소천하였다. 계명대학교는 그의 공적을 기리기 위해 성서 캠퍼스의 자연과학대학 건물을 그의 아호를 따서 '백은관(白恩館)'이라 명명하였다.

영암(榮巖) 강인구(姜仁九) 목사는 1908년 5월 9일 경북 영주시 이산면 신천리에서 태어났다. 그의 가정은 일찍부터 기독교를 받아들인 가정이었으며, 조부는 한국 선교 초창기에 신교육과 신문화를 접했다고 한다. 고향인 영주에는 교육 기관이 부족하여 강인구는 1923년 15세의 나이에 대구 계성학교로 유학을 오게 되었다. 계성학교를 졸업한 후, 강인구는 '한국의 예루살렘'이라고 불리는 평양의 숭실전문학교에 진학하였고 졸업 후 고향으로 돌아가 보통학교 교사로 일하며 아버지의 목회 활동을 도왔다.

영주에서 12년간 교사로 재직한 후, 그는 목회자의 꿈을 이루기 위해 평양 신학교에 입학하여 1942년 졸업과 동시에 경동노회 소속 경북 영천 금호교회에서 목사 안수를 받고 목회 활동을 시작하였다. 그가 바른 목회자와 교육자로 성장하게 된 것은 아버지 강석진 목사와 어머니 임봉순 여사의 영향을 받았기 때문이라고 한다. 특히 어머니는 대구 신명여학교 교사로 재직하며 1919년 3.1 독립 만세 운동에 참여하여 1년간 옥고를 치른 독립 유공자이자 드문 여성 지도자였다.

영천 금호교회에서 4년간 목회한 후, 강인구는 어려운 상황에 처한 영천 제일교회로 임지를 옮겼다. 6.25 한국 전쟁을 겪은 그는 1955년 대구 서남교회로 이동하여 15년간 목회 활동을 하였고, 1970년에 은퇴하였다. 또한, 1950년부터 3년간 모교인 계성학교 법인 이사를 거친 후, 1954년 계명대학교 설립자로서 오랜 기간 법인 이사로 재직하며 우리나라 기독교 학교의 발전에 크게 기여했다.

계명대학교는 1989년 강인구에게 명예 신학박사 학위를 수여하였고, 그의 학교 발전에 대한 공로를 기리기 위해 인문국제학대학과 사범대학 건물을 '영암관(榮巖館)'이라 명명하였다. 영암(榮巖)은 계명대학교 명예 총장 신태식 박사가 강인구의 고향인 영주의 '영(榮)'자와 바위 '암(巖)'자를 따서 지은 아호로, '영주의 큰 바위'라는 의미를 담고 있다.

3. 계명기독대학 초대 학장: 감부열 선교사

감부열 선교사는 1890년 9월 28일 펜실베니아주 필라델피아 조지타운에서 태어났다. 10살 때 아버지 조셉 캠벨(Joseph A. Campbell)이 워싱턴주 시애틀로 이사하여, 그는 워싱턴 대학교 바로 옆에서 성장했다. 감부열의 다섯 형제는 모두 이 대학교를 졸업하였고, 감부열은 토목공학을 전공하며 뛰어난 만능 운동선수로 특히 8인 조정 경기에서 두각을 나타냈다.

1913년 워싱턴 대학교를 졸업한 그는 뉴저지주 프린스턴을 여행하면서 선교사역을 결심하고, 프린스턴 신학교에 진학하여 1916년 졸업했다. 같은 해 9월 27일, 어린 시절부터 친구였던 헬렌 오트(Helen M. Ott)와 결혼 후 한국 선교사를 선택하여 시애틀의 유니버시티 장로교회에서 성직 서임을 받고, 1916년 12월 9일 평안북도 강계로 파송되어 24년간 선교활동을 하였다. 그러나 제2차 세계대전이 발발하여 1940년 미국으로 돌아갔고, 미국의 여러 교회에서 봉사하다가 종전이 되자 1946년 다시 한국으로 돌아왔다.

전쟁이 끝난 후, 감부열은 미국에서 선교 지역을 대구로 옮겼고 전쟁고아들을 돌보며 미국에 구호물자를 요청하여 분배하기도 했다. 또한, 1951년 일제 강점기에 해체된(1938년 9월 20일 일제는 평양 조선(대한) 예수교 장로회 신학교를 폐교시킴) 신학교(총회 신학교, 현 총신대학교)를 대구에서 창설하고, 초대 학장을 역임하였다. 이후 이 신학교는 서울로 이전하였다. 이즈음 다양한 분야의 기독교 지도자를 키우기 위해 대구에 기독교 대학의 설립이 필요하다는 인식이 커졌다. 1953년부터 준비한 계명기독대학은 1955년 2월 5일 문교부의 허가를 받아 감부열이 설립 이사와 초대 학장으로 참여하게 되었다. 1958년 8월 20일, 그는 정년 퇴임하며 명예 학장으로 추대되었다. 그 후 플로리다주 올랜도에 있는 성 앤드류스 장로교회에서 3년간 목사로 봉직하였고, 이후 아프리카 자메이카 임시 교회에서 1년 반 동안 봉사한 뒤 다시 미국으로 돌아가 플로리다 레이크랜드에 있는 선교사 사택에서 여생을 보냈다. 감부열을 한국에 파송한 교회는 시애틀의 유니버시티 장로교회(University Presbyterian Church)였으며, 이 교회는 감부열 초대 학장의 아버지 조셉 캠벨 목사가 세운 교회로 계명기독대학이 대명 캠퍼스에 음악관을 신축할 때 2만 5천 달러를 모금해 지원했다. 계명기독대학은 1963년 5월 21일 개관한 음악관을 조셉 캠벨을 기념하여 '캠벨기념 음악관(Campbell Memorial Music Hall)'이라 명명하였다.

4. 제중원(동산의료원 전신) 초대 원장: 장인차 선교사

▲ 계명대학교 의과대학 부속 동산병원의 전신 제중원 초대원장, 장인차

장인차 의료 선교사는 1869년 6월 9일 미국 일리노이주 게일스버그에서 태어났다. 1890년 미국 펜실베니아주 라파예트대학(Lafayette College Easton) 재학 중 19세기 미국의 기독교 대부흥사 무디 (Dwight L. Moody, 1837-1899) 목사의 설교에 감동을 받고 의사가 되어 해외 선교 활동을 하기로 작정한 장인차는 1891년 대학을 졸업하자 바로 펜실베니아 의과대학에 진학해 1895년 졸업했다. 그는 뉴욕 브루클린에 있는 킹스카운티병원과 윌크스바레시립병원에서 수련의 과정을 마치고 1897년 6월 21일 한국 선교사를 지원해 임명받았다. 그후 친밀한 사이였던 안의와 선교사와의 인연으로 1897년 12월 25일 오후 대구로 왔다. 장인차는 대구에 도착한 후 2년 동안 여름

마다 대구 팔공산 파계사에 들어가서 한국어 공부를 하며 병원 건물을 마련하고 의료 도구와 약품을 준비하면서 개원 준비에 힘썼다.

장인차는 1899년 7월에 한강 이남 지역에서 최초의 약국인 '미국약방'을 설립하고 서양 의술을 도입하여 환자 치료를 시작했으며, 드디어 1899년 12월 24일에는 '계명대학교 동산의료원'의 전신인 제중원(濟衆院)을 개원하였다. 제중원은 미국 장로교회 선교부가 서울과 평양에 설립한 병원을 바탕으로 고종이 '고통받는 대중을 구제하고 치료하는 집'이라는 의미로 지어준 이름이다. 특히 대구의 제중원은 한강 이남에서 최초의 서구식 병원이었다. 그러나 병원을 처음 개원한 대구 약령시장 내 초가집은 소음, 연기, 냄새 등으로 조건이 좋지 않았고, 환자 수가 급증하였다. 이에 안의와를 비롯한 선교사들은 1903년 현재의 계명대학교 동산캠퍼스에 새로운 병원을 짓기 시작했다. 1903년 1차 준공 후 구조적 결함으로 1905년 태풍 피해를 입었으며, 1906년에 다시 지어 완공하였다. 장인차는 특히 1909년 6월, 병원 근처 대구 선교지부 구내에 초가 한 채를 매입하여 나환자(한센병자, Leprosy) 10명을 수용하며 나환자 요양원(Leper Asylum)을 시작하였고 이 사업이 현재의 대구 애락보건병원의 전신인 애락원이 되었다.

장인차는 병세 악화로 인해 1912년 11월 15일 15년 동안 헌신한 대구를 떠나 미국으로 돌아가게 되었다. 미국으로 돌아간 장인차는 캘리포니아 임페리얼 카운티에서 목장을 경영하며 이 지역의 농장 자문관으로 일하게 되었다. 이후 그는 1920년 네 자녀와 함께 캘리포니아 이글 록으로 이주한 후, 비행 청소년을 관리하는 청소년 보호소의 대리직을 맡았다. 카운티의 불행한 청소년들이 변해가는 모습을 보며 장인차는 큰 보람과 만족을 느꼈다. 그는 이 분야에서 16년간 또 다른 형태의 선교 사업을 이어갔다. 고령의 장인차는 이후 지역사회와 교회를 위해 계속해서 봉사 활동을 하다가 1951년 7월 19일 아침, 글랜데일 요양원에서 82세를 일기로 세상을 떠났다. 장인차는 안의와 선교사와 함께 동산기독병원을 설립했으며, 대구 애락보건병원의 창설자로서 대구와 경북 지역에서 영남 지방 최초의 근대 의학을 보급한 중요한 인물이다. 그는 아픈 부모와 형제자매, 그리고 나환자들에게 따뜻한 친구가 되어 주었다. 그의 개척 정신과 봉사 정신은 우리에게 꼭 기억되어야 할 가치이다.

5. 계명대 설립과 발전의 징검다리: 신태식 명예 총장

동산(童山) 신태식 박사는 계명대학교 설립의 실질적인 행정을 담당한 인물이다. 1909년 1월 21일 경북 청송 복동마을 이른바 '소대(松臺)'라고 부르는 푸른 솔밭마을에서 태어난 신태식 박사는 유가의 전통을 이어받은 평산 신씨(平山 申氏) 가문의 신경한(申經漢)과 이덕성(李德成) 사이의 둘째 아들이다. 1915년 안의와 선교사에 의해 기독교가 전파되어 소대 윗마을 수락(水落)에 청송 최초의 교회가 설립되었다. 이후 신태식 박사 가족은 기독교에 귀의하고 선교사들과 남다른 인연을 맺게 되었다.

그는 1930년에 계성중학교를 졸업하고, 1936년에는 숭실전문학교를 마쳤다. 이후 일본 동북제국대학교 법문학부 영문학과에서 수학한 후 1939년 졸업하였으며, 1953년부터 1954년까지 미국 펜실베니아주 피츠버그 대학원에서 공부했다. 그는 미국 켄사스주 엠포리아 대학에서 명예 교육학박사 학위를, 위스콘신주 케롤대학에서 명예 법학박사 학위를 받았다. 이후 계성학교에서 영어교사와 교장직을 역임하였고, 대구시 교육위원 및 경상북도 교육위원으로도 활동했다. 1958년에는 계명대학교 교수 및 부학장이 되었고, 1961년부터 1978년까지 학장직을 맡았다.

계명대학교 설립 당시, 1955년 8월 공표된 '대학 설치 기준령'으로 인해 설립 허가를 받기가 매우 어려운 상황이었다. 이 시기에 신태식 박사는 대구시 교육위원이자 경상북도 교육위원으로 활동하며, 조동식(趙東植, 1887~1969) 위원장과 위원들을 설득하여 1955년 재단 법인 계명기독대학 설립과 1956년 설립 허가에 결정적인 역할을 하였다. 결과적으로 계명기독대학은 1956년에 4년제 대학으로서는 유일하게 설립 허가를 받았다.

계명기독대학 설립을 위한 기성회 조직, 재단 설립, 이사선임, 미국 선교 본부의 재정 지원 등의 주도자는 안두화였으나, 한국인으로서 실질적인 자문과 보좌는 경험이 풍부한 신태식 박사가 맡았고, 한국 기독교 단체와의 협조 업무는 경북노회장을 역임한 신후식(申厚植, 1905~2010) 목사[44]가 담당했다.

안두화는 계명대학교를 창설하고 신태식 박사를 미국 피츠버그 대학교로 유학 보내 큰 인물로 성장시키는 데 결정적인 도움을 주었다. 안두화의 아버지 안의와는 지방에 교회를 세우며 선교 운동을 펼쳤고, 신태식 박사의 아버지 신경한을 기독교로 인도한 인물이다. 이러한 관계를 통해 두 가족 간에는 2대에 걸친 깊은 신앙적 및 인간적 만남이 있었다.

안두화는 학장 취임과 동시에 신태식 박사를 계성중·고등학교 교장을 겸임하는 조건으로 계명대학교 부학장에 임명했다. 이는 그가 여러 가지 학사 운영에 조언을 구하고, 장차 계명대학교의 미래를 맡길 적임자로 염두에 두었음을 시사한다. 1961년 5.16 군사 정변 전에 안두화 학장은 임기 1년을 남겨두고 이사회를 통해 신태식 박사를 차기 학장으로 선임했으며, 1961년 11월 30일 52세의 신태식 박사가 계명기독대학 제3대 학장으로 취임하게 되었다.[45] 신태식 박사는 일본 동북제국대학교 유학 시절을 제외하고는 모든 생애를 기독교 교육 기관에서 보냈고, 1945년부터 1978년까지 30여 년 동안 오로지 계성중·고등학교와 계명대학을 위해 봉사하였다.

▲ 계명기독대학 제3대 학장 취임식의 신태식 박사

신태식 박사는 대학 발전 기금을 조성하기 위해 자신의 능력과 지혜를 발휘하며 국내외에서 적극적인 모금 활동을 전개했다. 그는 미국 정부나 특정 단체의 지원을 받는 해외 출장에서도 항상 대학 발전 기금을 모으는 데 힘썼고, 이를 위해 여러 차례 미국을 방문했다. 그러나 매번 높은 왕복 항공 요금이 큰 부담이었다. 당시 자신의 자금이나 대학 예산으로 미국에 출장하는 것은 현실적으로 어려운 일이었다. 그래서 신태식 박사는 홀트 아동복지회[46]에서 주선한 입양 고아들을 동반하는 조건으로 비행기를 무료로 이용하는 방법을 선택했다. 신태식 박사는 1961년 학장으로 취임한 후 10년 사이에 15회 이상 해외를 오가며 수십만 달러의 발전 기금을 모아 오늘날의 계명대학교 대명 캠퍼스 건물 신축과 캠퍼스 조성에 기여했다.

신태식 박사가 학장으로 취임하던 1961년, 계명대학교 대명캠퍼스는 풀 한 포기 자라지 않는 황량한 청석 바위산이었다. 그러나 1978년, 종합 대학으로 승격되면서 '숲이 우거진 푸른 동산'으로 변화한 모습은 모든 이에게 희망을 안겼다. 신태식 박사는 '새 술은 새 부대에'라는 의미 깊은 말을 남기고, 미련 없이 자리를 떠났다. 법인 이사회는 종합 대학 승격에 큰 기여를 한 독어독문학과의 신일희 교수를 새 총장으로 선임하며, 성서 캠퍼스라는 더 큰 동산을 일구어 나갈 젊은 교수들과 새로운 인물들이 계명대학교의 새로운 장을 여는 기회를 맞이하게 되었다.

1978년 2월, 신태식 박사는 학장으로서의 임기를 마치며, 교직원과 학생들에게 친필 편지로 종합 대학으로의 승격과 새 총장, 보직 교수의 임명 소식을 알렸다. 그는 계명의 식구들이 힘을 모아 함께 노력하자는 격려의 메시지를 전하며, 그들의 미래에 대한 깊은 신뢰를 표명했다. 이는 신태식 학장의 마지막 인사이자, 후배들에게 보내는 간절한 호소로 남아, 계명대학교의 발전을 향한 열망과 사랑을 간직하게 하였다.

신태식 박사의 아호는 동산(童山)으로, 문자 그대로 해석하면 '나무가 없고 헐벗은 민둥산'이라는 의미를 가진다. 이는 계명대학교 대명캠퍼스의 초기 모습과 깊은 연관이 있다. 황종건 박사의 회상에 따르면, 신태식 박사는 '헐벗은 민둥산'이라는 아호를 선택한 이유가 스스로 겸손한 마음, 부모를 생각하는 마음에서 비롯되었다고 한다. 그의 업적을 생각하면 '나무가 우거진 태산'이 될 수도 있지만, '보잘것없는 언덕산'이나 '헐벗은 민둥산'을 아호로 삼은 것은 그가 민둥산을 소중히 가꾸려는 교육 철학을 담고 있는 것으로 해석할 수 있다. 신태식 박사는 계명 정신인 개척과 봉사에 누구보다 충실한 선구자로, 젊은 인재들을 진심으로 아끼고 사랑한 교육자였다. 그는 계명대학교의 풀 한 포기, 나무 한 그루도 아침저녁으로 살피며 가꾼 위대한 청지기로서, 그의 사랑과 헌신은 지금도 많은 이들에게 깊은 감동을 주고 있다.

나오는 말

학교를 세운 선구자들은 시대의 흐름을 읽으며 새로운 지식의 씨앗을 뿌린 인물들이다. 그들의 발자취는 단순한 발걸음이 아니라, 인류의 미래를 위한 길을 여는 위대한 여정이었다. 이들은 지식을 전달하는 것에 그치지 않고, 사람들에게 꿈을 심어주었으며, 그 꿈이 현실로 꽃피는 과정을 함께했다. 각자의 자리에서 열정과 헌신으로 교육의 가치를 실현하며, 학생들이 자신의 잠재력을 발견하고 발휘할 수 있도록 이끌었다.

선구자들은 지혜와 경험을 통해 세대와 세대를 넘어서는 교육의 불꽃을 지폈다. 그들의 가르침은 오늘날에도 여전히 우리에게 큰 영향을 미치고 있으며, 그들의 정신은 우리 계명인의 마음속에 깊이 자리 잡고 있다.

그들의 이야기는 우리에게 계속해서 영감을 주며, 앞으로 나아갈 길을 밝혀주는 나침반과도 같다. 단순한 과거의 기록이 아니라, 현재와 미래에도 계속해서 우리의 삶에 영향을 미치는 중요한 요소다. 그들은 우리에게 어떤 어려움이 닥쳐도 결코 포기하지 말고, 꿈을 향해 나아가라는 메시지를 전해주고 있다.

생각 나누기

01 안의와, 안두화 선교사 부자와 그들의 가족이 가난하고 황폐한 대구에 와서 평생 헌신한 일들은 무엇인지 살펴보자.

02 신태식 박사가 선택한 아호 '동산'은 그의 교육 철학과 어떤 관계가 있는지 또한 그의 겸손함과 민둥산을 소중히 가꾸려는 자세가 교육 현장에서 어떻게 실현되었는지 살펴보자.

03 우리 캠퍼스내의 건물 이름에서 선구자들의 아호(雅號)를 찾아보자.

7장

계명의 청지기

7장

계명의 청지기

들어가는 말

1899년 12월 24일 개원한 계명대학교 동산의료원의 전신인 '제중원(濟衆院)'은 흙벽 초가집이었다. 변변찮은 겉모습과 달리 '고통 받는 대중을 구제하고 치료하는 집'이라는 큰뜻을 품고 있었다. 1954년 '계명기독학관'으로 시작된 계명의 외형은 소박했다. 철학과와 영어영문학과, 3명의 교수, 그리고 전체 학생 118명이 전부였다. 간소한 차림이었지만 '계명(啓明)'이라는 교명 안에 '빛을 연다(Expanding Light)'라는 웅대한 뜻을 품고 있었다.

이제 '계명대학교'는 2024년 4월을 기준으로 20만 명이 넘는 졸업생 배출과 "입학 정원 4,635명에 2만여 명의 재학생, 850여 명의 내외국인 전임 교원을 갖춘 초대형 종합 대학"의 면모를 지니고 있다.[47] 초가 제중원에서 싹을 틔운 '계명대학교 동산병원'은 2019년 지하5층 지상20층 1,041병상 규모의 최첨단 시설을 구비한 영남 지역의 대표적 의료 기관으로 비상하였다.

성장은 자연스럽게 이루어지는 것이 아니다. 굳은 땅을 갈아 씨앗을 심고 새벽부터 온종일 한 해 동안 한결같은 수고를 마다않을 때 싹을 틔우고 자라나 잘 익은 열매를 얻게 된다. 만사(萬事)에 있어서 참된 성장의 이치는 동일하다. 오늘의 '계명 동산'이 있기까지 그 역사에 새겨진 계명을 가꾼 청지기의 수고가 있었음은 자명하다.

1. 동산병원 중흥의 주역 : 마포화열 선교사

제7대 동산병원장 마포화열 의료 선교사

마포화열 (馬布和悅, Dr. Howard F. Moffett, 1917~2013) 은 1943년 시카고 노스웨스턴 (Northwestern) 대학교 의과대학을 졸업하고 3년간의 군 복무 기간 가운데 1년을 일리노이주 해군 병원에서 외과 의사로 근무했다. 전역 후 부친 마포삼열(馬布三悅, Samuel A. Moffett, 1864~1939)선교사처럼, 1948년 '동산병원'에 의료 선교사로 임명받았다. 당시 그의 나이 31세였으며 1949년에는 7대 병원장으로 부임했다.

이듬해 6.25전쟁 발발로 미국 해군은 선교사들을 일본으로 이송했고 그 대열에 마포화열도 포함되었다. 그는 다시 대구로 돌아가고자 했다. 방안을 찾기 위해 3주간의 궁리 끝에 과거 해군의무장교 복무 경력을 활용해서 다시 군에 입대를 한 것이다. 그렇게 해서 미공군부대 파견 해군 군의관 자격으로 한 달 만에 대구로 다시 돌아올 수 있게 되었다. 대구 함락의 위기로 환자들, 직원들과 부산으로 피신해서 3개월 간 임시 병원을 운영했다.[48]

'사단법인 동산의료원선교복지회'에 의하면, 마포화열이 병원장 부임 당시 동산병원에는 의사14명과 7명의 인턴, 22명의 졸업 간호원과 학생 신분의 간호원 17명 그리고 병원 직원 72명으로 전체 132명이 근무했고, 업무 시작 전 함께 예배드리며 가족 같이 지냈다고 한다.[49] 전쟁 기간 동안 동산병원은 1950년 112,600여 명, 1951년 164,000명, 1952년 121,000명, 1953년 115,000명 등 연간 10만 명 이상의 환자들을 치료하는 데 정성을 쏟았다.

동산병원은 전쟁 직후 피해 복구사업 기간 중 교회 재건과 수리에 드는 비용을 지원하고 의료봉사와 복음 선교를 실천했다. 전쟁으로 인해 부모를 잃은 아동이 급증하였다. 당시 대구에 20여 개, 대구 근교에 30여 개의 고아원이 있을 정도로 어린 아이들이 전쟁의 쓰라림을 고스란히 안고 있었다. 아이들을 위한 아동 병동 마련이 필요했다.

선명회(World Vision) 회장 피어스 목사(Rev. Robert Pierce)의 기부금 5만 달러와 '유엔 한국 재건단(United Nations Korea Reconstruction Agency, UNKRA)'과 미군 대한 원조(AFAK) 지원 그리고 자체 기부금 등으로 1953년 10월 병원의 입원실 남쪽에 건평 306평, 60병상을 갖춘 아동 병동을 준공했다. 고아원에 기거하는 아이들은 전원 무료로 치료했다.

1960년 중반에 접어들면서 환자는 갈수록 늘었고 입원실 증축이 불가피한 상황이 되었다. 이 때 시카고 보험회사 사장 스톤(Clement Stone)이 50만 달러를 기증한 것과 개인적으로 110만 달러를 모금하여 1967년 남쪽 입원병동 2,149평과 1,807평 간호학교 및 기숙사를 신축하면서 입원 수용 능력이 300병상으로 증가했다. 더불어 국내 최고의 병원과 간호학교라는 칭찬을 받았다.[50]

마포화열은 한센병 환자의 진료도 마다하지 않았다. 1948년부터 1976년, 1984년부터 1989년까지 애락보건병원장을 역임하면서 모금운동을 통한 병원 신축과 더불어 한센병 환자들의 정착과 자활을 돕고자 달성군 구지면 수리동에 약 12.6에이커(52,608m2, 15,915평)의 정착지를 마련했다.

경주동산병원의 전신 경주기독병원 설립

역사의 도시 경주에는 '계명대학교 경주동산병원' (경주시 봉황로 소재)이 있다. 이 병원은 미국 메릴랜드주 '컴버랜드장로교회'의 기부금으로 건축되어 1962년 10월 10일 개원했다. 그래서 병원의 첫 이름은 '경주컴버랜드교회병원 (The Cumberland Presbyterian Hospital in Kyoungju, Korea)'이었다. 기부금 결정은 1960년 1월 마포화열 선교사가 컴버랜드장로교회를 방문하여 경주 지역 병원 건축의 절실함을 호소한 결과였다. 당시 컴버랜드교회 로버트슨 담임목사는 기부금 마련 과정을 다음과 같이 기록했다.[51]

> 그는 경주에 의료시설이 크게 필요하다는 사실을 직접 소개하고 싶어 했다... 당회는 우리 교회가 경주기독병원 건축비와 의료장비 구입비용을 제공하는 데 대한 찬반 여부를 교인들에게 물어보기로 결의했고, 1960년 6월 26일 주일 예배를 본 다음 열린 특별모임에서 교인들은 경주에 기독교병원을 짓고 의료장비 구입비용을 앞으로 3년간 송금한다는 당회 결의에 찬성했다.

마포화열은 격려의 마음을 담아 "하나님은 지금까지 우리들에게 선하신 분"이었고 "의심 없이 남아있을 이 희생을... 교인들의 산 기념비가 될 목회와 증거로서 자랑할 수 있게 될 것"이라는 편지를 보냈다.[52] 컴버랜드교회는 1960년에서 1963년까지 "총 31,470달러를 자선 사업 예산에서 분할 지급"하였는데 당시 국내 극심한 인플레이션 상황으로 건축을 위해 더 많은 비용이 필요하게 되었고 이를 고려하여 4만 달러로 목표액을 책정해서 기부했다.[53]

개원 후 1988년 9월 19일 폐업하게 되었지만 이후 계명대학은 "창

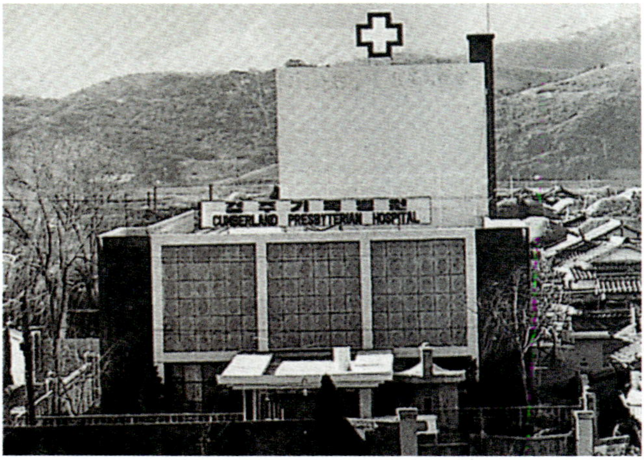

▲ 경주기독병원(1962)

립 이념과 목적을 유지"하고자 병원을 경매 인수하여 개보수 공사를 완료, 1991년 3월 15일 '계명대학교 의과대학 부속 경주동산병원'이라는 이름으로 개원했다. 이로써 예수 그리스도의 복음을 토대로 질병에서의 해방과 영적 구원을 위한 "숭고한 하나님의 섭리를 구현"하고자 다시 행진을 시작[54]할 수 있었고 지금까지 계속되고 있다.

계명대학교와 동산병원 통합의 주역

'계명대학교 동산병원'은 '계명대학교 성서캠퍼스' 옆에 나란히 어깨를 마주하고 있다. 병원 바로 위쪽에 '계명대학교 의과대학'이 위치해있다. 의과대학 신설 이야기는 1980년 10월로 거슬러 올라간다. 1978년 계명대학교가 종합 대학으로 승격된 당시 정부에서는 의과대학을 증설하고자했다.[55] 대구와 경북 지역의 기독교인 상당수가 의과대학이 계명대학교에 설립되기를 바랐다. 당시 문교부가 내세운 설립인가 전제조건은 대학의 종합병원 소유 유무에 있었다.[56]

계명대학교와 동산병원의 시작은 기독교 정신에 토대를 둔 교육기관과 의료기관이었다.[57] 기독교 정신이라는 같은 뿌리에서 개척 정신, 봉사 정신으로 설립되었기에 통합의 소망은 너무나도 자연스러운 발로였다. 병원 내 직원들의 강력한 조직적 반대운동으로 과정이 순탄하지만은 않았지만 의과대학 설립에 대한 마포화열의 신념은 확고했고 1980년 10월 18일 계명대학교에 통합되었다. 이는 "앞날을 내다보는 큰 시각에서 각기 그 설립정신과 주어진 사명에 더욱 충실하려는 두 기관의 지도력의 승리"였다.[58]

마포화열이 1993년 1월 미국 귀국을 앞두고 자신의 45년 동안의 의료선교활동을 돌아보며 남긴 회고사 가운데 의료선교 사업에 대한 투철한 소명의식이 담긴 기록을 볼 수 있다.[59]

> 45년간 대구는 저의 고향이었으며 동산병원에서 그동안 해온 의료전도 사업은 저희들의 평생 직업이었습니다. … 비교적 짧은 기간이나 어느 나라보다 많은 변화를 가져왔습니다. … 우리의 생명은 한 번 뿐이고 또 그 생명은 곧 지나가 버릴 것입니다. 주님을 위하여 하는 일만이 영원히 남을 것입니다. 이것은 계명대학교 이념인 '주님과 그 나라를 위하여'에 잘 나타나 있습니다. 저는 이 모든 것이 언제나 말과 같이 우리 생활도 진실하기를 기도합니다. 하나님께서 본 기관이 다른 사람에게 축복이 되도록 계속 역사하시기를 기원합니다.

마포화열은 2010년 9월 동산병원 111주년 기념행사에서 "한국은 내 삶의 전부"이며 "45년간 한국인을 위해 봉사할 기회를 주신 하나님께 깊이 감사"한다고 마음을 전했다.[60]

2. 계명대 종합 대학 승격의 숨은 주역 : 정순모 이사장

계명대 종합 대학 승격에 크게 기여

1978년 종합 대학 승격 이전의 계명은 지방의 작은 대학이었다. 1970년대 계명대학은 중장기 발전을 위해 종합 대학 승격의 꿈을 꾸고 있었지만 정부의 허가를 얻어내기가 매우 어려운 실정이었다. 당시 박정희 군사 정부를 향한 대학생들의 반대 시위가 절정에 이르고 있어서 정부는 단과 대학이 종합 대학으로 나아갈 수 있는 길을 허용하지 않았기 때문이다. 그럼에도 불구하고 계명대학은 현실적 어려움을 감내하면서 승격의 꿈을 이루고자 갖은 노력을 다하고 있었다.

정부는 1972년을 '고등 교육 개혁을 위한 연구의 해'로 정하고 이후 실험 대학 운영, 대학의 특성화를 주요 핵심 사업으로 선정했다. 1974년 서울대 등 6개의 실험 대학에 계명대학이 선정되었고 1977년에는 평가 결과에서 가장 우수한 대학으로 평가받았다. 계명대학은 종합 대학 승격에 필요한 능력과 실력을 모두 다 갖추고 있었지만, 지방 사립대라는 불리한 조건을 돌파할 만한 이렇다 할 정치경제적 배경이 없었다.

이 상황을 몹시 안타깝게 여긴 사람 가운데 당시 계명대학 법인 이사장이었던 동천(東泉) 정순모(鄭舜謨) 목사가 있다. 정순모 이사장은 정치권에서 역량을 갖춘 사람들을 사방팔방 찾아다니며 계명대학이 지닌 능력과 실력을 널리 알리고자 백방의 노력을 감행했다. 지성이면 감천이라고 1977년 9월 22일 종합 대학으로 승격되어 그간의 꿈을 실현하게 되었다.

정순모 이사장은 종합 대학 승격 과정을 상기하며 동산(童山) 신태식 학장의 "청렴한 도덕성의 승리"였다고 회상했다. 종합 대학 승격을 두고 치열한 경쟁을 겪으면서 스스로가 목사임에도 약간의 필요한 돈을 조금 썼으면 하는 생각도 한 적이 있었는데 신태식 학장은 전혀 돈을 쓰지 않았고 그 도덕성 앞에서 오히려 목사인 자신이 부끄러움을 느꼈다고 했다. 도덕성의 승리는 이후 의과대학 설립에서도 흔들림 없었다.[61]

의과대학 신설에도 큰 역할

종합 대학 승격을 이루어 낸 계명대학교는 의과대학 설립이라는 요청 앞에 서게 되었다. 1978년 5월 '대구 매일신문'에 다음과 같은 기사 내용이 게재되었다. 내용인즉 인근 영남대학교에서 종합 병원을 소유하고 있지 않음에도 불구하고 의과대학 설립을 가결했다는 것이다.[62] 이 소식을 접한 대구와 경북 지역의 원로 기독교인들이 계명대학교와 동산병원에 의과대학 설립에 대한 건의문을 발송하였던 것이다.

의과대학 설립은 감독 기관의 판단과 도움이 반드시 필요했다. 이를 위해 정순모 이사장은 감독관청인 보건사회부 장관과 문교부 장관을 찾아다녔지만 설득의 과정은 결코 순조롭지 않았다. 보건사회부 장관은 집권 여당의 대표이자 국회의장직을 맡고 있던 영남대학교 이사장의 의중을 간파하고서 강한 반대 의견을 제시했다.

매우 어려운 상황이었음에도 불구하고 정순모 이사장은 계명대학교는 종합 병원인 동산병원과 통합에 대해 결의를 마친 상태이고 설립 이념 또한 기독교 정신으로 동일하며 창립 주체 역시 미국인 선교사 '안의와·안두화 부자(父子)'라는 사실을 토대로 설득을 위해 각고의 노력을 다했다. 마침내 계명대학교는 1978년 10월 의예과 설치 인가를 받게 되었다. 다음해 1979년 신학기부터 신입생을 받기 시작했으며 이듬해 1980년 10월 2일 의과대학 설치 인가를 받아 오늘에 이르고 있다.

의과대학 설립 과정에서도 당시 계명대학교 총장이었던 신일희 박사는 일절 돈을 쓰지 않았다. 정순모 이사장의 친구였던 정부관계자는 종합 병원을 소유하지 않은 영남대학교에 의과대학을 허락하고, 80년의 오랜 역사를 지닌 동산병원이 있으며 외국 자금을 지원 받는 계명대학교에 의과대학 설립을 불허한다면 "역사 앞에 부끄러운 일이 되므로 계명대학교 서류를 위에" 올릴 것을 요청했다는 것이다. 정순모 이사장은 친구에게 "나는 목사가 되어 너에게 줄 것이 없으니 다만 너를 위해 기도하겠다"고 했고 그의 친구는 "고맙다"고 전했다.[63]

3. 계명대 발전의 주춧돌 : 신일희 총장

종합대학 승격과 기념비적 성장

계명대학교는 '성서캠퍼스'를 비롯하여 '동산캠퍼스', '대명캠퍼스', '모빌리티캠퍼스', '칠곡캠퍼스'의 5개 캠퍼스를 갖추고 있다. 2019년 4월 15일 정식 개원한 '계명대학교 동산병원'을 위시하여 '대구동산병원'과 '경주동산병원'을 갖추었다. 각각 계명대학교 발전의 주요 흔적을 지니고 있다. 대구 달서구에 위치한 성서캠퍼스와 계명대학교 동산병원은 계명대학교의 괄목할 만한 성장 본보기이며 행소(行素) 신일희 총장이 그 발전의 주춧돌이 되었다.

신일희 박사는 동산 신태식 박사와 전갑규 여사의 장남으로 1939년 4월 15일 대구에서 태어났다. 1954년 계성중학교 졸업 후 1966년 미국 프린스턴대학교에서 독일 문학 전공으로 철학박사 학위를 수여했다. 이후 1966년 미국 뉴욕 퀸즈대학, 1971년 독일 킬대학교, 그리고 1974년 연세대학교 독어독문학과 교수를 역임하고 1974년 9월 계명대학교 독어독문학과 교수로 부임했다.

1961년 제3대 학장 신태식 박사에 의해 이루어진 '계명대학'으로의 교명 변경은 설립 이념인 기독교 정신을 유지하면서도 대학다운 대학으로 일구어지는 가운데 성장과 발전을 바라는 소망에 힘입어 감행된 결단이었다.[64] 이후 1974년에 접어들면서 계명대학은 세계에서 손꼽히는 종합 대학으로의 성장을 꿈꾸고 있었다. 그때 기획실장이었던 신일희 박사는 계명의 웅대한 계획 중심에 서서 대학 교육 개혁을 위해 학생의 능동적 선택 기회를 획기적으로 확대하고 대학의 자율성 신장 방안을 모색하게 되었다. 당시 정부는 실험 대학을 주도했고 계명대학은 이를 주시하고 있었다.[65]

1973년부터 정부는 문교부 주도로 몇몇 대학에서만 실험 대학 제도를 실시했다. 실험 대학의 주요 내용은 다음과 같다. 첫째, 학과별 모집이 아닌 계열별로 모집해서 2학년으로 진급할 때 전공 선택. 둘째, 졸업 학을 160학점에서 140학점으로 감소. 셋째, 부전공제 실시. 넷째, 초과 학점 취득 허용과 복수 전공제 실시. 다섯째, 능력별 학점 취득과 계절 학기 운영이다. 계명대학교는 실험 대학 제도에 1974년 선정되면서 비약적인 도약의 초석을 마련하였다.

신일희 박사는 계명대학교 기획실장, 부학장의 보직을 수행하면서 도입된 실험 대학을 주도하여 전국 최우수 성적이라는 성과로 잘 마무리되었다.[66] 1977년에는 입학정원이 1,030명에 도달, 신입생 모집정원이 종합대학 규모를 넘어서면서 승격에 대한 열의는 더욱 커져갔고 결국 같은 해 9월 22일 종합 대학 승격인가를 받았다.[67] 실험대학 제도의 도입과 최상의 성과는 종합대학 승격이라는 영광을 획득하는데 큰 주춧돌이 되었다.[68]

학교 법인 계명기독학원은 1978년 종합 대학 승격과 더불어 그동안 계명대학의 성장과 발전에 기념비적인 공적을 쌓은 신일희 박사를 초대 총장으로 선임했다. 종합 대학 승격 이후 학생 수가 급증하였고

대학 규모도 확대됨에 따라 제2캠퍼스의 필요이 간절해졌다. 여기에는 "양적 팽창과 질적 성장의 균형"을 도모하며 "기독교적 창립의 정체성"을 보존하고 지속시키는 가운데 "계명이 돋보일 수 있는 대학" 건설에 대한 신일희 총장의 청지기적 염원이 담겨있었다.[69]

▲ 초대 총장 신일희 박사 취임식

명품 성서캠퍼스 조성: 태산준령을 넘어

새로운 캠퍼스 조성을 위한 부지 물색은 종합 대학 승격 발표 이후 바로 시작되었는데 당시 대학 경영의 실질적 책임자이자 새 캠퍼스 조성 계획을 수립한 신일희 부학장의 주도로 진행되었다. 부지 매입 역시 초대총장으로 취임한 신일희 총장 몫이었다. 지금의 성서캠퍼스 부지 선정 결정과 매입은 신일희 박사의 초대 총장 재임 시기였던 1978년에서 1982년 7월까지와 4대 총장으로 취임한 1988년 6월 이후 집중적으로 진행되었다.[70]

성서캠퍼스 조성을 위한 부지 마련의 과정은 결코 순탄하지 않았다. 성서캠퍼스의 첫 건물은 1981년 9월 기공식을 한 백은관이다. 이후 1983년 영암관의 준공까지 과정이 순조로웠다. 그러나 1982년 제5공화국 신군부 정부에 의해 성서캠퍼스 조성에 대한 마스터플랜을 준비했던 신일희 총장을 비롯한 법인 이사 전원의 사임으로 이후 6년간 큰 혼란기에 접어들었다. 그동안 부지 매입도 7건 밖에 진행하지 못했다.[71] 1988년 신일희 박사가 전국 대학에서 최초로 실시한 총장 직선제를 통해 제4대 총장으로 취임하면서부터 처음 계획 그대로 성서캠퍼스 조성 진행에 박차를 가할 수 있게 되었다.

성서캠퍼스 조성은 한 마디로 태산준령을 넘는 과정이었다. 인허가나 감사와 관련된 행정적인 절차도 보통일이 아니었지만 특히 토지 소유주와의 매입 협의 과정은 매우 힘들고 고된 일이었다. 지주들에게 토지는 자자손손 물려받은 땅이므로 매매를 한다는 것은 절대 불가능하고 다른 지역으로 선조의 묘를 옮긴다는 것은 어불성설이라며 매몰차게 내쳤기 때문이다. 백은관 부지를 매입할 당시 추수하던 낫으로 위협하는 토지 소유주를 설득하고자 제삿날 자택으로 찾아뵙는 등 상당한 애환과 고충을 겪고 갖은 수모를 당하기도 했다.[72]

설상가상으로 지가(地價) 또한 천정부지로 치솟았다. 1979년 처음 20여만 평을 매입했다. 당시 커피 한잔 가격이 500원이었는데 평당 200원 또는 300원에 매입할 만큼 저렴했다. 좋은 땅이 아니라 청산 바위 야산과 농사하기가 어려운 구릉지였고 물이 질퍽거리는 땅이었기 때문이다. 하지만 대학 캠퍼스 마련을 위해 부지 매입이 진행된다는 소문이 돌자 땅 소유주들의 태도가 변했다. 10년 후 정문 주변의 땅을 매입할 때는 가격이 10,000배 가까이 상승되어 평당 300만 원을 들여서 매입하게 되었다.

부지 매입의 어려움이 단지 땅값의 무모한 상승에만 국한된 것이 아니었다. 50~100여만 평에 대한 매입비뿐만 아니라 캠퍼스 내 다양한 시설물 건축과 도로 마련, 조경계획에 따른 수목 식재 등을 고려한다면 천문학적 자금 조달이 이루어져야만 했기 때문이다. 이로 인해 1992년에는 교수와 직원 인건비마저 걱정해야할 정도로 학교 재정이 어려웠다. 이 사실을 접한 삼호그룹 의양(義洋) 정재호 회장이 120여 억 원 상당의 부동산을 기증하였다. 신태식 박사의 제3대 학장 취임과 더불어 계명과 인연을 맺었던 정재호 회장은 그 시절 개인명의의 재산 전부를 기증한 것이었다.

재정의 어려움은 계명대학교 대명캠퍼스의 매각 혹은 장기 임대에 대한 방안을 고려할 수밖에 없는 상황으로 몰아가기도 했다. 그러나 최종 결론은 기존 캠퍼스에 대한 매각이나 임대를 진행하지 않고 성서캠퍼스를 조성하는 것이었다. 절체절명의 난관 앞에서 신일희 총장의 혜안이 다다른 곳은 청교도(Puritan)정신에 토대를 둔 내핍 경영으로서 '청·정·절·융'-청결, 정직, 절약, 융합-의 실천이었다.[73]

계명대학교의 모든 식구들이 '전구 하나, 종이 한 장, 비누 한 토막'까지 한마음 한뜻으로 절약하고 검소하게 학교를 꾸려나갔다.[74] 이렇게 성서캠퍼스 조성은 은인의 도움과 철두철미한 내핍 경영을 바탕으로 대명캠퍼스를 보존하면서도 부채 없이 진행될 수 있었다. 현재에도 청·정·절·융의 정신에 입각한 실천 운동은 캠퍼스 전역에서 이루어지고 있다.

제2의 캠퍼스를 조성하는데 부지 매입이라는 태산만 존재했던 것은 아니었다. 지혜와 혜안으로 풀어나가야 할 험준한 준령도 즐비했다. 성서캠퍼스 조성을 위한 부지 내에는 꽤 많은 여러 문중의 묘가 있었다. 묘를 모두 이장해야 하는 숙제가 남아있었고 묘 이장 문제로 큰 어려움에 봉착했다. 한번은 이장에 대한 합의가 제대로 종결되지 않은 묘를 착각해서 잘못 건드려 매우 화가 난 묘주로부터 학교 관계자들이 아주

격한 소리를 듣게 되었고 혼이 나가도록 용서를 빌면서 양해를 받은 일도 있었다.[75]

이런 해프닝도 있었다. 토지 측량을 잘못해서 아주 자그마한 땅을 미처 매입하지 못하고 모서리 일부분에 건축을 하게 되었다. 이로 인해 소유주를 만나 해당 부지 매입 허락을 받고자 간청하였음에도 결국 합의를 얻어내지 못했다. 결국 건물의 일부분을 부수고 물리게 되었다. 얼마 후 그 땅의 소유주는 계명대학교에 매우 높은 가격을 책정해서 해당 부지를 팔았다. 말로 다 형언할 수 없는 고충 가운데서도 계명대학교는 끝까지 주민들의 이해를 얻어내고 주변과 조화를 이루기 위해 최선을 다했다. 그 결과 현재의 명품 성서캠퍼스가 자리 잡을 수 있게 된 것이다.

▲ 계명대학교 성서캠퍼스

태산준령의 험난한 길을 묵묵히 걸어올 수 있었던 것은 신일희 총장의 굳건한 신념에 있다. 곧 "땅 소유주와 합의해서 매입"해야 한다는 제일 원칙이었다. “그 어떤 경우에도 지주와 주민의 원성을 사지 않는 것”이 합당하며, “주민과 국민을 위한 대학이 주민과 국민을 어렵게 하는 기관이 되어서는 안 된다”는 확고한 소신이 일관되게 적용되었다.[76] 여기에는 설립 이념에 근거한 섬김의 청지기적 정신이 깊이 새겨져 있음을 볼 수 있다.

의과대학과 간호대학 신설의 산고

1980년 10월 2일 의과대학 설치 인가를 기점으로 의과대학의 성서캠퍼스 이전을 위해 2000년 계명대학교 성서캠퍼스에 의과대학과 간호대학 신축 공사가 시작되었다. 그때까지 의과대학은 계명대학교 동산캠퍼스에 있었다. 하지만 의약분업으로 인한 재정 악화로 2003년 골조 완성을 끝으로 공사는 중단되었다. 도중하차를 맞은 공사 현장은 장기간 방치된 골조로 인해 미관상 좋지 않았다. 대학본부에서는 단과 대학으로 활용하거나 공사비 반환을 통해 동산캠퍼스에 의대와 간호대 공사를 착수하도록 권유하기도 하였다.[77]

이 시기에 학교법인 계명대학교 이사장으로 2005년 신일희 박사가 부임했다. 신일희 이사장의 부임으로 공사 재개를 요청했으나 승인을 얻지 못했다. 이사장은 “공사비용 충당 방안을 마련”하라는 과업을 제안하였고 또한 “의료원 예산액의 5%” 저축을 권고했다. 불가능할 것 같은 주문으로 판단되었지만 병원 수익 전반을 점검하면서 수익 창출을 위한 방안을 모색한 결과 80억 모금 계획을 달성하게 되었다. 신일희 이사장은 “공사비는 그럼 됐으니 이제 의과대학 이전을 반대하는 교수들이 있다는데, 교수들의 의견을 정확히 파악하고 수렴해 봅시다!”라고 했다.[78]

의과대학 이전을 두고 극구 반대하는 교수들이 등장했다. 그 기세가 당당해서 전반적인 분위기에 강한 압력이 흐르고 있었다. 우선 교수들의 "진정한 의견 수렴"을 추진하기로 했다. 강압적 분위기 때문에 의견수렴이 쉽지 않아보였다. 하지만 투표 결과는 경이로움 그 자체였다. 왜냐하면 "전체 교수 중 90%가 투표에 참여"하였고 그 결과 90%의 찬성율을 보였기 때문이다. 이에 이사장은 "그럼 의과대학과 간호대학 공사를 재개"하자고 했다. 의과대학과 간호대학 공사의 재개에는 스스로 계획하고 노력해서 이루어나가라는 신일희 이사장의 "교육적인 판단과 독려" 그리고 "거시적 안목과 추진력"이 큰 역할을 한 것이다.[79]

신일희 이사장의 깊은 혜안에 힘입어 모아진 적립금은 의과대학 공사비를 충당하고 남은 80억으로 새 병원을 위한 설계 비용에 사용할 수 있게 되었다. 신일희 이사장의 혜안과 결단력은 새 동산의료원 건립의 주춧돌이 되었다. 대명캠퍼스의 성서 이전 과정에서도 그러했던 것처럼 동산동 대지 한 평의 매매조차 허락하지 않고서 최첨단 의료시설을 갖춘 계명대학교 동산병원을 신축할 수 있었다.[80]

새로운 제중원의 탄생: 계명대학교 동산병원 신축

계명대학교 동산의료원의 모태는 1899년 12월 24일 대구 '약전골목'에 '미국 예수교 북장로교회 대한 선교부 대구 선교 지부'가 세운 제중원이다. 제중원은 "대구 최초의 의학 및 간호학 교육을 시행하여 치유·선교·교육의 3대 사역을 모두 수행하는 전인적 의료 기관"의 역할을 감당했다. 1911년 '대구동산기독병원'으로 명칭을 변경했고 1978년 계명대학교와 통합되고 1982년 9월 '계명대학교 동산의료원'으로 재탄생했으며 해를 거듭하면서 부쩍 성장하여 현재 대형 의료원 체제를 갖추고 있다. 곧, 의과대학과 간호대학, 성서캠퍼스 내 계명대학교 동산병원, 동산캠퍼스 내 대구동산병원, 경주동산병원을 산하에 두고 있다.[81]

장기간의 대구동산병원 운영을 마무리하고 2009년 성서캠퍼스에 의과대학과 간호대학 건물을 완공하였으며 10년이 지난 2019년에 계명대학교 동산병원을 성서캠퍼스로 이전했다. 이유는 '메디컬 프런티어(Medical Frontier)'라는 제중원의 정신에 있다. 대구 중심부에는 네 개의 대학 병원이 밀집되어있다. 그러나 달서구와 달성군 그리고 인근 경북 일부 주민의 경우 종합 병원의 부재로 큰 불편을 겪고 있었다. 동산병원을 달서구로 이전할 경우 대학 병원이 제공하는 양질의 의료 서비스를 80만 명을 웃도는 지역 주민들이 고루고루 경험할 수 있기 때문이다.[82]

제중원의 메디컬 프런티어 정신을 고스란히 이어받아 2019년 4월 15일 개원한 계명대학교 동산병원은 실로 '새로운 제중원의 탄생'으로 대변된다.[83] 1899년 12월 24일 제중원 개원 이전에 이미 그해 7월 '미국 약방'이 설립되어 한강 이남에서 약국의 출발점이 되었다. 제중원의 정신을 담아 마침내 계명대학교는 2010년 약학대학 신설 인가를 받게 되었다. 이로써 계명대학은 성서캠퍼스에 "의과대학, 간호대학, 의학연구동, 약학대학 및 종합 병원"을 통해 "보건 의료 교육 체계의 복합체"를 구축하면서 메디시티 대구의 위상을 격상시키고 인근 지역을 포함해서 국내 의료의 중심에 위치하는 발판을 마련하게 되었다.[84]

'학문의 탁월성 추구와 윤리성 앙양'을 교육 목적으로 삼고

계명대학교 성서캠퍼스 조성과 동산병원의 이전 및 신축 과정에 담겨진 신일희 총장의 청지기 정신은 창학 이념과 청교도 정신 그리고 교육 목적에 잘 녹아있다. 신일희 총장은 1978년 초대 총장 취임사에서 "학문적 탁월성 추구와 윤리적 신념 함양을 위해 노력할 것을 천명하였다."[85] 다음은 학문의 탁월성과 윤리적 신념에 대한 신일희 총장의 글 일부이다.[86]

인간을 자유케 하는 진리의 근원에 접할 수 있도록 학문적인 탁월성을 추구해야 합니다. 학문적인 탁월성의 추구가 결여될 때 대학은 허무한 것이 되는 것이 분명합니다. … 그러나 대학은 그 이상의 것입니다. 인간의 세계가 하느님에 의해 하나의 연속체로 창조된 우주의 한 부분이기 때문에 대학은 나 밖에 있는 자연이나 그 자연 속에 있는 생명을 아끼고 사랑할 줄 아는 도덕 정신을 추구해야 합니다. 진리의 탐구와 지식 및 지혜의 개발과 전달은 인간의 존엄성에 의해 그 원동력을 얻게 되는 것입니다. 따라서 인간의 생명과 그 생명이 갈구하는 소망에 대한 윤리적인 책임감 없는 대학은 방향을 상실한 인간들의 시끄러운 집단에 지나지 아니할 것입니다. 이러한 윤리적인 신념이 구체적이고 실제적이고 특수적인 지역 사회와 국가 사회와 인류 사회에 대한 봉사와 개도의 탁월성으로 시발되고 연속된다고 생각합니다. 대학은 홀로 존재할 수 있는 것이 아닙니다. … 대학은 윤리적인 탁월성의 토대 위에서 사회로 하여금 인간의 과거 생활에 대한 이해와 현실 좌절에 대한 교정과 미래 지향적 희망을 갖게 해 주어야 합니다.

나오는 말

성경에서는 사람을 '하나님의 형상(Image of God)'으로 지칭한다. 사람을 포함한 모든 자연 만물이 하나님으로부터 지은 바 되었고 그의 형상인 사람은 이에 대한 청지기로 등장한다. 자신과 하나님·자연·이웃에 대해 주어진 달란트를 바탕으로 청지기 사명을 잘 감당해 내야 한다. 단체나 기관의 괄목할 만한 성장에는 갖은 어려움 가운데서도 아름다운 열매를 소망하며 정성으로 관리하고 이끈 사람이 있기 마련이다.

어떤 모습으로든 계명에 소속된 계명인이라면 흐트러짐 없는 청지기 정신으로 계명동산을 보살피고 일구어 나간 계명인을 찾아보아야만 할 것이다. 훌륭한 정신과의 인격적 소통은 자아실현 과정에 흔들림 없는 뿌리가 된다. 기독교 정신을 바탕으로 황무지를 일구어 꽃이 만발하도록 계명을 가꾼 세 분의 청지기 덕분에 명품 성서캠퍼스와 동산병원 조성을 이뤄낼 수 있었다. 계명을 터전으로 내일의 꿈을 심고 있는 오늘의 계명인에게 학문의 탁월성과 윤리적 신념을 함양하며 세상을 환한 빛으로 비추이는 또 하나의 청지기적 사명이 요청되고 있다.

생각나누기

01 마포화열 의료 선교사가 평생 동안 한국인을 위해 헌신하고 봉사할 수 있었던 동력은 무엇인가?

02 정순모 목사가 계명대학교 발전에 기여한 업적은 무엇인가?

03 신일희 총장이 계명대학교의 발전을 위해 헌신하며 섬긴 모습 가운데 가장 뜻깊은 것은 무엇인가?

8장

계명
캠퍼스와
보물

8장

계명 캠퍼스와 보물

들어가는 말

대학교는 공부만 하는 학원은 아니다. 전인적 자질인 진선미를 함께 추구하는 곳이다. 체험의 공간으로서 캠퍼스가 중요한 이유다. 계명대학교의 캠퍼스는 처음부터 전인적 인격을 도야할 수 있도록 설계되었다. 계명대학교는 동산캠퍼스, 대명캠퍼스, 성서캠퍼스, 모빌리티캠퍼스, 칠곡캠퍼스의 다섯 개 캠퍼스가 있다. 역사적으로나 규모에 있어서 동산캠퍼스, 대명캠퍼스, 성서캠퍼스가 명실공히 계명대학교를 대표한다. 이 세 캠퍼스는 오래전부터 수많은 영화와 드라마의 배경으로 활용될 만큼 아름답다. 캠퍼스 안을 걷다 보면 건물 하나, 길 하나, 풀 한 포기마다 사람의 정성이 스며있음을 알 수 있을 것이다. 계명대학교는 세 캠퍼스에 이어서 달성군에 '모빌리티캠퍼스'와 칠곡군에 '칠곡캠퍼스'를 조성하였다. 모빌리티캠퍼스는 연구와 산학 협력 중심 캠퍼스로, 칠곡캠퍼스는 약용 식물과 복지 중심 캠퍼스로 특화하여 발전시킬 계획이다.

1. 동산캠퍼스: 인술 시행과 선교의 보금자리

동산캠퍼스는 일반인들에게 동산병원으로 잘 알려져 있다. 동산(東山)이란 이름은 달성토성(현 달성공원)과 서문시장 동쪽에 있다고 해서 붙인 이름이다. 1899년 안의와 선교사가 달성 서씨 문중으로부터 사들인 자그마한 산으로 풍광이 아름다웠다. 이 동산에 병원과 교회뿐만 아니라 선교사들이 거주하는 주택도 지었다. 이 동산에 계명대학교의 역사뿐만 아니라 대구 근대사를 담은 역사적 유물과 유적이 많이 보존되어 있다.

의료 선교 박물관과 은혜정원: 대구 선교 역사의 증거

20세기 초엽에 선교사들은 기독교와 함께 서양 의술을 대구에 들여왔다. 이들 선교사들이 거주하며 활동하던 집이 지금의 동산캠퍼스 언덕 위

▲ 의료선교 박물관

에 예쁘게 보존되어 있다. 붉은 벽돌의 기와집 세 채가 100년의 역사를 담고 있는데, 1999년부터 대구시 유형 문화재로 지정되어 박물관으로 변모했다. 선교 박물관인 스윗즈 주택은 스윗즈(Switzer) 선교사와 현거선 계성학교 교장, 그리고 감부열 계명대학 초대 학장 등이 살았던 집이다. 대구 읍성돌(城石)을 주춧돌로 사용해 문화재로서도 큰 의의가 있다.

여기에는 개신교 교회사를 담고 있는 사진 자료와 여러 종류의 『성경』과 선교 유물들이 전시되어 있다. 교육·역사 박물관인 블레어 주택은 블레어(Blair) 목사가 살았던 집으로 조선 시대 서당과 1960~70년대 초등학교 교실이 재현되어 있다. 그 외에도 시대별 교과서와 민속자료 및 대구의 3·1운동 현장이 찍힌 사진 자료도 많이 전시되어 있다.

의료 박물관인 챔니스 주택은 챔니스(Chamness) 목사와 마포화열 동산병원장 등이 살았던 집으로 1900년대 전후의 동서양 의료기기를

▲ 은혜정원

많이 소장하고 있어 근대 의학의 발전상을 한눈에 볼 수 있다. 이곳은 아름다운 주변 정경으로 인해 각종 영화의 배경으로 인기가 높고 대구 근대 골목 투어의 필수 코스다. 의료 선교 박물관 남편 아래쪽에는 선교사들 묻힌 묘지가 있다. 먼 이국땅에 와서 배척과 박해를 무릅쓰고 복음을 전파하며 인술을 베풀다가 삶을 마감한 선교사와 그 가족들을 기리어 은혜정원(Garden of Mercy)이라 이름 붙였다. 안의와 선교사 부인 넬리 딕 여사의 묘비를 비롯해 13개의 묘비가 서 있다.

동무생각: 청라언덕의 순정

박태준(朴泰俊, 1900~1986)의 「동무생각(思友)」은 한국 가곡사의 한 페이지를 장식하는 기념비적 작품이다. 가사는 마산 출신의 시인 이은상(李殷相, 1903~1982)이 썼다. 가사를 새긴 기념비가 캠퍼스 언덕에 세워져 있다. "봄의 교향악이 울려 퍼지는 청라언덕 위에 백합 필 적에 나는 흰 나리꽃 향내 맡으며 너를 위해 노래 노래 부른다."로 시작한다. 여기 나오는 '청라언덕'은 동산캠퍼스의 담쟁이덩굴 언덕을 말한다. 계성학교를 다니던 박태준은 신명여학교의 한 소녀(유인경)를 짝사랑한 데서 유래하는 노래다. 가사를 쓴 이은상은 그의 친구다. '푸른 담쟁이덩굴'을 뜻하는 청라(靑蘿)는 백합과 어우러져 아름다운 정경을 만든다. 이 청라언덕은 우리 민족의 독립운동사에 길이 빛나는 대구 지역의 3·1 만세 운동의 발상지이기도 하다. 1919만세 운동 때, 동산기독병원 청라언덕의 오솔길은 학생들이 일본 경찰의 눈을 피해 독립 선언서를 품고 다니던 비밀 통로로 쓰였다.

2. 대명캠퍼스: 바위산을 깎아 일군 계명의 터

본관과 빌라도광장: 진리를 향하여

대명캠퍼스는 명실상부한 계명의 산실(産室)이다. 경사진 오르막길을 따라 정문으로 들어서면 광장 중앙의 분수와 마주한다. 70년 전 온통 바위산이던 자리에 하얀 물줄기가 치솟는다. 정문에서 직진으로 나 있는 길을 따라가면 본관이 나온다. 대명캠퍼스의 모든 길은 본관을 향해 올라가게 되어있다. '저 높은 곳을 향하여 날마다 나아간다'는 찬송가(491장)가 생각난다. 빨간 벽돌에 하얀 도리스 기둥(Doric Order)이 받치고 있는 본관은 아름답고 고풍스러운 운치를 풍긴다. 본관 앞의 널따란 광장의 이름은 빌라도 광장이다. 기독교 대학의 중심부에 웬 빌라도인가? 빌라도라면 예수를 심문하고 십자가에 못 박혀 죽게 한 로마의 총독 아닌가. 여기에는 의미심장한 뜻이 들어 있다.

▲ 빌라도 광장

요한복음서 18장을 보면 예수와 마주한 빌라도(Pilatos)는 도전적인 질문 하나를 던진다. "진리가 무엇이오?"(요한복음서 18장 38절) 예수가 진리를 말하자 빌라도가 던진 물음이다. 비록 기독교 정신을 토대로 설립된 대학이지만 진리에 관심 있는 사람이라면 누구에게나 열려있다는 뜻이다. 한 마디로, 계명의 창학 정신은 진리 탐구다.

노천강당: 역사와 문화가 생동하는 무대

빌라도 광장에서 왼쪽으로 내려가면 동서문화관이 나오고, 오른쪽으로 내려가면 노천강당이 나온다. 진리를 표방하는 광장 양쪽에 동서문화를 탐색하는 연구관과 문화를 실험하고 구현하는 공간이 있다는 것은 우연이 아니다. 이론과 실천의 조화를 함의한다. 웅장하고도 고풍스러운 노천강당은 1962년 안두화 학장이 로마의 원형극장에서 그 모델을 따왔다. 전후의 폐허가 채 정리되지도 않은 열악한 상황에서 바위

▲ 노천강당

산을 다듬어 원형극장식 문화 공간을 생각했다는 것은 놀라운 개척 정신이다. 당시 학교 안에는 전기도 없어 인근 화장터에 전선을 연결해 썼고 물은 학교에 멀리 떨어진 성당못에서 길러 왔다. 추성엽(1921~2015) 장로의 설계 아래 공사 작업은 대부분 교수, 직원, 학생들의 자원봉사로 이루어졌다. 교수 사모님까지 가세하여 밥을 하고 중참을 해왔다. 그렇게 완공된 노천강당은 계명인들에게는 물론 대구 시민들에게 문화의 전당으로 기억되고 있다.

바위산의 흔적: 바위산을 깎아 일군 불굴의 의지와 정성

1954년 청석 바위로 뒤덮인 야산을 깎아 주춧돌을 세운 것이 대명캠퍼스의 시작이다. 이 역사적인 사실을 기념해 대명캠퍼스는 그때의 바위 한 덩어리를 보관하고 있다. 학교 정문에서 미술대학으로 가는 길목에 그것을 볼 수 있는데, 그 밑에 극재(克哉) 정점식(1917~2009) 교수의 글

▲ 청석바위

씨가 있다. "이런 바위산을 깎아 오늘을 마련했다." 당시에 '청석 바위산'이라 불렸던 이곳은 생명력 강한 잡초만 여기저기 자라고 있었다. 그런 바위산을 깎아 명품 캠퍼스로 만드는 데는 많은 사람들의 노고와 땀이 투여되었다. 부족한 건축 물자와 장비를 얻어오기 위해 학장도 처장도 발 벗고 뛰어다녔다. 지형을 측정하고 설계도를 그리는데 도구가 없어 깨진 거울과 삼각대 위의 화판을 이용했다. 이런 상황에서도 초대 학장 감부열 박사는 자전거로 통근하면서 절약을 외쳤다. 그의 절약 정신은 오늘날까지 계명의 교훈이 되고 있다.

붉은 벽돌에 담쟁이덩굴: 계명 캠퍼스의 원형적 미학

붉은 벽돌의 건물에 담쟁이덩굴, 그리고 대리석 기둥. 이 이국적이고 아름다운 풍경은 계명대 건물의 전형적인 모습이다. 그러나 계명대 캠퍼스는 시각적 아름다움을 넘어 창조정신과 자연 사랑을 염두에 두고 기

▲ 붉은 벽돌과 담쟁이덩굴

획되었다. 초대 총장 신일희는 이미 취임사에 대학인들의 자연 사랑을 강조하고 요청했다. 계명대 건물의 원형적 이미지를 형성하고 있는 붉은 벽돌과 담쟁이덩굴은 안두화 박사가 자신의 모교에서 힌트를 얻은 것이다. 그는 미국의 모델을 넘어 훨씬 훌륭한 동산을 계획했다. 그때부터 계명대학교는 오늘날까지 붉은 벽돌에 흰 기둥 그리고 담쟁이덩굴이라는 고유한 건축미를 이어오고 있다.

계명 동산: 자연과 문화의 창조적인 만남

척박한 바위산에 나무를 심고 잔디를 심어 키우는 일은 참으로 힘겨운 미션이었다. 비가 오면 물이 빠지지 않아 나무뿌리가 썩는가 하면 구멍을 뚫어 물꼬를 내면 수분 부족으로 여름에도 낙엽이 흩날렸다. 온갖 대책이 강구되었고, 조경 업무를 맡은 보직자는 일 년을 통틀어 양복 입는 날이 손가락으로 꼽을 정도였다. 나무 한 그루 풀 한 포기에 정성을 쏟았다. 그 결과 이미 70년대부터 대명캠퍼스는 그 아름다움을 전국에 알렸다. 여기에 그 누구보다 크게 이바지한 한 사람이 신태식 학장이다. 그의 아호 '동산(童山)'은 놀이동산의 동산이 아니라 '민둥산'이란 뜻이다. 자신은 민둥산으로 헐벗더라도 캠퍼스는 수목 우거진 동산으로 만들겠다는 의지를 담은 아호다.

계명대학교를 대표하는 교목은 은행나무다. 가을이 오면 캠퍼스에는 노란 은행으로 동화 같은 세계가 펼쳐진다. 은행나무는 아름다울 뿐 아니라 2억 년 이상 생존해 온 생명력이 탁월한 나무이다. 그래서 오래전부터 은행잎과 열매는 식용으로나 약재로 선호되었으며 오늘날 과학에 의해 그 효능이 실제로 규명되었다. 은행은 또 하트 모양으로 갈라진 잎이 특이해 사람들의 주목을 받는다. 일찍이 괴테는 이 은행잎을 보고 '하나이자 둘인 생명체'의 신비를 노래했다. 그것은 아름다운 사랑의 형식이자 동서를 아우르는 조화의 원리다. 이것은 바로 계명의 정신과 일맥상통한다.

3. 성서캠퍼스: 제2의 창학과 웅비

정문: 진리와 정의와 사랑의 나라를 위하여

성서캠퍼스 정문은 그 웅장한 숭고미로 사람들은 압도한다. 맨 앞쪽에는 돌로 만든 두 권의 책이 있고 그 뒤로는 거대한 석조물 3개가 서 있다. 3은 기독교의 핵심 교리인 삼위일체를 상징하면서 동시에 계명대학교 교육 이념인 '진리·정의·사랑'을 상징한다. 3개의 구조물은 백색의 이오니아식(Ionic Order) 기둥이 두 줄로 받치고 있다. 앞줄의 12개는 예수의 제자를, 뒷줄의 12개는 그 정신을 이어받는 계명의 구성원을 뜻한다. 잔디 위에 놓인 두 권의 책은 오석(烏石: 까마귀처럼 검고 빛나는 돌)으로 만든 것으로 각각 '계명대학교'와 'KEIMYUNG UNIVERSITY'라고 새겨져 있다. 한 권은 동양 학문의 총체를, 다른 한 권은 서양 학문의 총체를 나타낸다.

▲ 정문 전경

계명인 상(像): 계명인이 꿈꾸는 모습

정문을 지나 동산도서관으로 가는 대로에는 눈길을 끄는 조형물이 많다. 먼저 눈에 들어오는 것은 가로 세로로 놓여 있는 야석(野石)이다. 넓적한 돌에는 글이 새겨져 있는데, 계명대학교가 추구하는 10개의 실체와 10개의 가치가 적혀 있다. 10개의 실체란 '나·너·계명·이웃·한국·인류·자연·과학·예수·하나님'이고, 10개의 가치는 '진리·정의·사랑·나라·학문·탁월·윤리·봉사·은혜·구원'이다. 이 단어들을 10개국 언어로 새겼으니, 한국어·중국어·일본어·영어·독일어·불어·러시아어·라틴어·그리스어·히브리어가 그것이다. 또 돌의 윗부분에는 구약 성경의 첫 구절이, 아랫부분에는 신약 성경의 마지막 구절이 원어로 새겨져 있다. 이 모든 것은 계명대학교의 창학 정신과 교육 이념 및 교육 목적을 명시한다.

동산도서관으로 가다 보면 신태식 학장의 시비(詩碑)가 눈길을 끈다.

▲ 계명인 상

제3대 신태식 학장에 대해서는 여러 권의 책이 나와 있을 정도로 그 업적이 지대하지만 그의 인품을 시적으로 압축해 놓은 것이 박목월 (박영종, 朴泳鍾, 1916~1978)이 지은 이 「나의 노래」라는 헌시다. 신태식 학장은 친구 박목월이 '그분'으로 존경할 만큼 훌륭한 인격자였다. 그는 2004년에 타계했지만 저 시비를 통해 영원히 우리 곁에 스승으로 남아 있다.

아담스채플: 청석산의 주춧돌이 궁산 위의 영광으로

궁산 위에 우뚝 솟은 아담스채플은 부드럽고 안정적인 선의 로마네스크 양식에 회화성 강한 비잔틴 양식이 조화를 이룬 성채이다. 1999년 계명대학교 설립에 중추적 역할을 한 안두화 선교사의 업적을 기리고, 하나님께 찬미와 경배를 드리기 위해 지은 예배당이다. 명실공히 계명대학교의 정신적 지주라 할 수 있다. 공식 명칭은 'The Adams Hall of Worship and Praise'이지만 보통 아담스채플이라고 한다. 지붕 위로

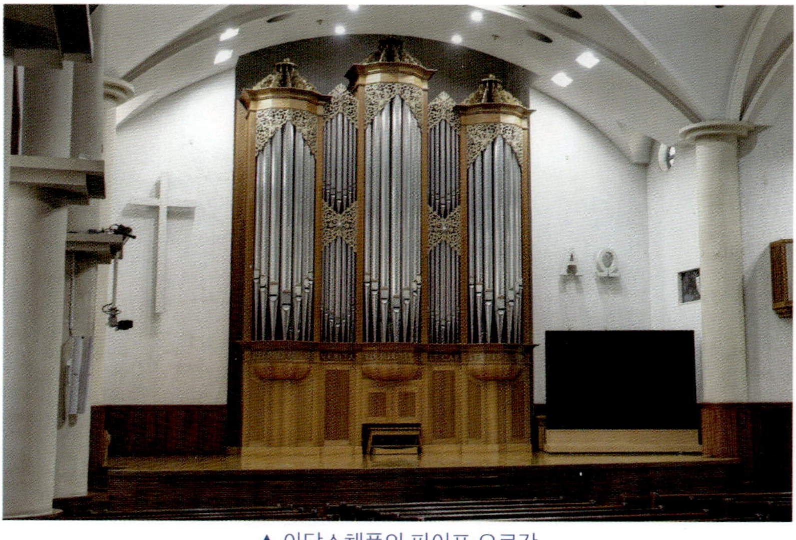

▲ 아담스채플의 파이프 오르간

솟은 세 개의 탑은 믿음·사랑·소망과 계명대학교의 교육 이념인 '진리와 정의와 사랑의 나라'를 상징한다. 160여 개의 스테인드글라스는 『성경』 내용과 계명대학교의 이미지를 표현한 작품이다. 가운데 돔(Dome)은 하나님의 나라를 의미하고 좌우 양쪽에 있는 일곱 개의 기둥은 「요한계시록」에 나오는 아시아의 일곱 교회를 상징하는 것으로 세계 교회의 총체를 의미한다.

대예배실에는 독일 칼 슈케(Karl Schuke)사의 519번째 작품인 파이프 오르간이 있다. 47개의 음전(음색), 3단의 손 건반과 발 건반, 3,770개의 파이프가 있는 이 오르간은 576가지 음색 조합이 가능해, 르네상스 시대부터 현대까지 그 어떤 작품이라도 연주할 수 있다. 이 오르간은 채플 수업, 교직원 예배, 학위 수여식 등 중요한 행사 때마다 아름답고 웅장한 음악으로 참석자들의 심금을 울린다.

계명한학촌: 전통문화의 전당

아담스채플 아래에는 아름답고 예스러운 계명한학촌(啓明韓學村)이 자리 잡고 있다. 이곳은 계명인 뿐만 아니라 대구 시민과 외국인들에게 우리의 전통문화를 소개하고 교육하는 공간이다. 계명한학촌은 크게 계명서당(啓明書堂)과 계정헌(溪亭軒)과 정원(庭園)으로 구성되어 있다. 계명서당은 공부하는 학습관으로 도산서원(陶山書院)과 같은 전통 서원의 모델을 따랐다. 계정헌은 생활 공간으로 안동 하회마을의 양진당과 경주 양동마을의 향단이 그 표본이다. 이 두 세계를 이어주는 통로가 돌로 된 선비교이다. 이 다리는 민가와 서당, 생활과 학문, 현실과 이상, 유한과 영원을 연결해 주는 통로다. 정원은 우리 조상들의 전통적 정원 개념에 따라 천원지방(天圓地方) 곧 '하늘은 둥글고 땅은 네모지다'는 우주관에 따라 조성되었다. 한학촌은 궁산의 지형과 환경을 바탕으로 소나무, 정자, 폭포 등이 사시사철 아름답고 생동감 넘치는 정경을 만들어낸다.

▲ 계정헌 앞 연못

행소박물관: 역사의 현장을 찾아서

박물관은 역사를 돌아보고 옛사람과 대화할 수 있는 곳이다. 계명대학교 박물관은 1978년 5월 대명캠퍼스에서 개관한 이래 유적 발굴 조사와 전시 및 박물관 교육을 통해 대구·경북 지역의 역사와 문화를 보여주는 문화 공간으로 발전했다. 그러다가 2004년 계교 50주년을 맞이해 성서캠퍼스에 지하 1층, 지상 2층의 연면적 6,709.49㎡ 규모의 박물관 전용 건물을 신축하고 '행소박물관'으로 명명했다. 2층의 상설 전시실과 1층의 동곡실(특별 전시실)을 비롯해 학예 연구실, 유물 정리실, 지하의 시청각실과 지하 카페로 구성되어 있다. 행소박물관은 전국 400여 개 대학 중에 독립 건물을 가진 몇 안 되는 대학 박물관이다. 상설 전시실에는 학교의 역사를 엿볼 수 있는 계명의 자료와 구석기 시대부터 원삼국 시대까지의 문화상이 시대별로 전시되어 있다. 또 시청각실에서는 현재 문화 아카데미 등 다양한 박물관 교육이 이루어지고 있으

▲ 행소박물관

며, 박물관 카페는 박물관 분위기와 어울려 관람객의 휴식 장소로 활용되고 있다.

'행소(行素)'라는 이름은 『중용(中庸)』 제14장에 나오는 "군자소기위이행, 불원호기외.(君子素其位而行, 不願乎其外.)"라는 글귀에서 따온 말로 신일희 총장의 아호이다. "군자는 현재 자신이 처한 자리에서 마땅히 해야 할 일을 행할 뿐 본연의 자리를 벗어나 다른 무엇을 바라지 않는다."는 뜻으로, 오직 한 길 고등 교육의 현장을 묵묵히 지키면서 청지기의 삶을 실천해 온 신일희 총장의 인생을 잘 대변한다.

가온길: 낭만과 사색의 길

캠퍼스의 길은 건물과 건물을 이어주는 통로일 뿐 아니라 사색의 현장이기도 하다. 성서캠퍼스의 수많은 길 중에 가온길이라는 특별한 길이 있다. 소나무로 둘러싸인 계명한학촌과 장엄한 아담스채플을 잇는 산길

▲ 가온길

의 이름이다. 동양과 서양을 잇는 길이다. 밑에서 위로 올라가면 길은 두 갈래로 나눠진다. 오른쪽으로 가면 돌로 새긴 두 마리의 코끼리가 기다리고 있고, 왼쪽으로 가면 사자 두 마리가 반긴다. 코끼리는 지혜와 자비를, 사자는 계명의 엠블럼으로 용기와 드높은 기상을 뜻한다. 가온길을 처음 걷는 사람은 숲에서 흘러나오는 은은한 클래식 음악에 놀란다. 나무 사이에 놓인 돌처럼 생긴 스피커에서 나오는 음악이다. 가온길이라는 이름은 순수한 우리말로 '가운데 길' 또는 '올바른 길'을 뜻한다. 또 대구·경북 지역의 사투리로 가온길은 '가(그 아이)가 온 길', 즉 '내 친구가 온 길이고 내 친구를 만난 길'이며 '가(가져) 온 길', 즉 '나 자신을 들여다보기 위해서 나 자신을 가져온 길'도 된다. 이 다양한 의미의 길 이름은 2010년 '교내 길 이름 짓기' 공모를 통해 선정되었다.

타불라라사(TABULA RASA): 내일을 그리는 계명의 초상화

성서캠퍼스 본관을 들어서면 정면 벽에 특이한 미술 작품이 하나 붙어있다. 커다란 백지 한 장이 액자에 들어 있고 그 밑에 「TABULA RASA, 우리가 얼굴을 가질 때까지」라고 쓰여 있다. 계명대학교의 역사는 그 뿌리로 거슬러 올라가면 125년이 넘지만, 계명의 본질을 정립하고 올바른 방향을 설정하는 데 앞으로 얼마의 세월이 더 필요할지 알 수 없다. 그날이 올 때까지, 계명이 계명만의 참 얼굴을 가질 때까지 계명은 Tabula Rasa, 즉 백지를 펼쳐 놓기로 했다. 향후 저 백지 위에 어떤 초상화가 그려질지는 모든 계명인들이 계명 정신을 어떻게 구현해 가느냐에 달려 있다.

▲ 타불라 라사(TABULA RASA)

4. 모빌리티캠퍼스와 칠곡캠퍼스: 새로운 지산학 협력 모델

달성군 대구테크노폴리스에 자리 잡은 모빌리티캠퍼스는 2009년부터 조성되기 시작한 달성캠퍼스의 새로운 이름이다. 계명대학교는 2009년에 전체 5만 6천 평의 부지 매입을 시작으로, 2013년 스포츠과학연구센터와 산학과학기술센터를 준공하고, 2020년에는 자율 자동차 주행 성능 시험장을 건설하여 미래형 자동차 혁신 아카데미를 위한 교육시설을 마련하였다. 2023년 4월에는 미래 모빌리티 산업을 성공적으로 주도해 나갈 인재 양성을 위해 지역의 70여 개 기업체와 제휴하고 산학협력 협정을 체결하였다.[87] 이러한 일련의 과정들은 모빌리티캠퍼스를 연구와 산학 협력 중심 캠퍼스로 발전시키기 위한 토대 구축이라고 하겠다.

2024년 1월 31일에 거행된 '계명대학교 모빌리티캠퍼스 출범식'에서 계명대학교는 모빌리티캠퍼스 발전계획과 포부를 대내외에 선포하였다. 계명대학교는 지역 기업뿐만 아니라 대구광역시와 함께 손잡고, 모빌리티캠퍼스를 지역의 모빌리티 관련 인력을 양성하고 첨단 기술을 연구 개발하며 관련 사업을 수행하는 새로운 지산학 협력의 모델로 발전시켜 나갈 계획이다.[88]

칠곡캠퍼스는 인터불고 그룹 동영 권영호 회장이 기증한 경상북도 칠곡군 금오산 자락 땅에 조성되었다. 계명대학교는 73만여 평에 달하는 칠곡캠퍼스를 약용 식물과 복지 중심 캠퍼스로 특화할 예정이다. 이처럼 계명대학교의 다섯 개 캠퍼스는 지역사회의 특성을 파악하고 인프라를 활용함으로써 현대사회의 다원적 요구와 과제를 분담하여 수행하고 있다.[89]

5. 계명의 보물: 동산도서관 소장 고문헌과 고성경

▲ "좋은 사람으로 들어와 더 좋은 사람이 되어 나가자"(동산도서관)

동산도서관의 고문헌 자료

계명대학교 동산도서관에는 180만 여권의 책과 많은 전자 자료와 고문헌이 있다. 고문헌 중에는 23종 97책 분량의 국가 문화재(보물)와 9종 20책의 대구시 유형 문화재가 포함되어 있다. 이것은 세계적으로 자랑할 만한 정보재이자 문화유산이다. 기독교 대학에 유교 시대의 자료가 걸맞지 않다고 생각할 수 있지만 많은 분이 혜안을 가지고 고문헌을 수집했다. 특히 오랫동안 사서를 담당했던 김남석(현 학교 법인 계명대학교 이사장) 교수의 역할이 지대했다.

고문헌 수집은 도서관 내 개인 기념 문고를 설치하면서 본격화되었다. 개인이 보존하고 있는 자료를 도서관에서 인수해 소장자의 성함이나 아호(雅號)로 붙여 영구적으로 보존하는 시스템을 말한다. 1969년 화학과의 홍영석 교수가 처음으로 집안 소장 고문헌을 맡겨 '오산문고(悟山文庫)'를 열었다. 이후 이장연 씨 소장의 200여 책이 '일청문고(一靑文庫)'에, 홍영백 씨 소장의 528책이 '우신문고(又新文庫)'에 비치됨으로써 고문헌의 양이 쌓여나갔다. 그 후 1974년 9월 신일희 교수(현 계명대학교 총장)가 기획실장으로 부임하면서 고문헌 수집은 더욱 속도를 냈다. 신일희 실장은 김남석 사서의 건의를 흔쾌히 받아들였을 뿐 아니라 스스로 고문헌에 깊은 관심을 보였다. 고문헌보다는 영어 서적이 더 시급했던 당시로서는 이례적인 일이었다. 당시에는 인식이 부족하여 고서점과

▲ 보물 1600호 「진주성도」

골동품상 등에 아무렇게나 쌓여 있는 것이 고문헌이었다. 그래서 저렴한 가격으로 많은 고문헌을 구입할 수 있었다. 1982년에는 고서적 소장가 이인재(李仁哉) 씨의 자료를 구입하여 '이씨문고(李氏文庫)'를 설치했는데, 그 중에서 「진주성도(晉州城圖)」를 비롯하여 귀중한 자료가 많이 나왔다. 이렇듯 계명대학교는 기독교 대학에서 출발했지만, 우리 고유의 학문과 문화에 남다른 관심을 가지고 있다.

벽오고문헌실

현재 동산도서관의 고문헌실은 '벽오고문헌실(碧梧古文獻室)'이라는 이름을 달고 있는데 벽오는 계명대학교 고문헌 수집에 지대한 역할을 한 김남석 법인 이사장의 아호이다. 이 벽오고문헌실은 그의 업적을 기리기 위해 2003년 그의 퇴임에 맞춰 설치되었다. 김남석 이사장은 1963년 도서관 직원으로 입사해 계명대학교 문헌정보학과 교수와 계명문화대학교 총장을 거쳐 현재 계명대학교 법인 이사장으로 활동 중이다. 그는 계명대학교 동문으로서 모교에서 40년간 근무하면서 학교 발전에 헌신했다.

동산도서관 벽오고문헌실에는 2024년 10월 기준 75,318여 책의 고서와 3,413점의 고문서 및 685판의 목판 자료가 소장되어 있다. 이 중에 국가 문화재(보물)로 지정된 귀중본만도 총 23종 97책에 달한다. 이로써 계명대학교는 전국 대학 중에서 서울대학교 규장각에 이어 두 번째로 많은 국가 문화재를 소장한 학교가 되었다.

▲ 동산도서관 벽오고문헌실의 국가 문화재(보물) 지정 자료

벽오고문헌실에는 고문헌뿐만 아니라 목활자(木活字)와 미완성 목판 및 목활자본 인쇄에 필요한 도구 일체가 전시되어 있다. 활자 보관함에는 다량의 대·중·소 목활자, 조판하던 판과 조판 상태의 판, 조판 도구 등이 완전한 형태로 보관되어 있는데, 이런 자료는 매우 귀한 것으로 쉽게 접할 수 없는 것이다. 이밖에 『향산문집(響山文集)』 목판 등 다량의 목판도 소장하고 있는데, 이들 목판은 고서보다 훨씬 무거워서 실어 오는 일도 만만치 않았다. 담당자들이 안동에 가 목판을 차에 싣고 오다가 차가 밭도랑에 빠져 밤새도록 고생한 적도 있었다.

고성경실

동산도서관 벽오실에는 벽오고문헌실 외에 '고성경실'이 있다. 이것은 2022년 5월 계명대학교 창립 123주년을 맞이하여 134종 165책에 달하는 고성경 및 기도서 등을 전시하면서 마련된 것이다. 고성경실에는 1580년에 간행된 라틴어 성경을 위시하여 히브리어와 그리스어 고성경 및 기도서뿐만 아니라 영어, 독일어, 이탈리아어, 프랑스어, 스페인어, 러시아어, 웨일즈어, 스웨덴어, 체코어, 한국어 등 다양한 언어의 고성경, 기도서, 전례서, 설교집 등이 소장·전시되어 있다. 계명대학교는 2000년대에 들어와 대학의 정체성과 역사를 굳건히 세우는 과정에서 성경 관련 자료를 수집하기 시작했다. 신일희 총장은 해외 출장을 다녀올 때마다 고성경을 다량 구해 왔다. 또 정성길 동산의료원 의료선교박물관 명예 관장을 위시하여 많은 분이 개인 소장 자료를 기증해주었다. 고성경실 설치 이후 성경을 연구하고 공부하는 학자와 학생들은 물론 우리나라 각지의 목회자와 기독교인들의 발길이 끊이지 않고 있으며, 기독교 관련 방송국 등 매스컴의 관심과 취재 열기도 이어지고 있다.

동산도서관은 약 8만 점에 달하는 다량의 고서와 고문서 및 목판과 고성경 등을 소장하여 우리나라 대표적인 고문헌 도서관으로 자리매김하고 있다. 이것은 대학 도서관의 위상을 공고히 하는 동시에 동서융합을 추구하는 계명대학교의 학문적 방향과도 잘 부합한다.

생각 나누기

01 계명대학교를 배경으로 하는 영화나 드라마를 찾아보고, 그 현장에 가서 분위기를 느껴보자.

02 대학의 캠퍼스가 주는 의미가 무엇인지 생각해 보고 계명대학교의 캠퍼스가 그런 의미에 어떻게 부합하는지 대화해 보자.

03 계명대학교 캠퍼스를 다니며 자신이 생각하는 보물 목록을 만들어보자.

3부

지역과 세계를 향해 빛을 열다

9장

기독교와 생명

9장

기독교와 생명

들어가는 말

한 생명은 천하보다 귀하다(마태복음서 16장 26절). 생명은 그만큼 귀하고 가치 있다. 하지만 생명을 포기하고 스스로 삶을 종결하려는 이들이 있다. 불치병이나 지속적인 고통으로 삶의 질이 현저히 떨어진 이들은 디그니타스(Dignitas)라는 조력자살 클리닉을 통해 죽음을 앞당기려 한다. 「미 비포 유(Me Before You)」는 조조 모예스(Jojo Moyes)의 소설을 원작으로 2016년 개봉한 영화인데, 사고로 전신마비(사지마비)가 된 윌이 스위스의 디그니타스로 떠나려는 이야기를 다루고 있다.

사고 이전에는 매우 활발하고 모험적인 삶을 즐기는 성공적인 사업가였던 윌은 사고로 인해 전신마비 상태가 되면서 삶의 의욕을 상실한 채 포기하려 한다. 윌의 부모는 젊고 똑똑한 간병인 루이사 클라크를 고용하며 윌의 마음을 되돌리려 한다. 늘 자신보다는 가족을 먼저 생각하며 희생했던 루이사는 보수가 높은 윌의 간병인이 되어 윌이 다시 삶의 희망을 찾도록 노력하면서 두 사람은 서로 사랑하게 된다. 하지만 윌은 자신이 원하는 삶을 되찾을 수 없다는 확신과 더불어 타인에게 더 이상 짐이 되고 싶지 않았던 윌은 과연 어떤 선택을 하게 될까?

기독교는 생명에 대한 책임과 존엄성을 강조한다. 하지만 현시대로 접어들면서 생명의 가치가 상대화되고 있으며, 유전공학과 의료기술의 발달은 생명의 시작과 더불어 죽음의 과정까지 통제하려 한다. 과거에는 자연스럽게 죽음에 이르게 되는 환자도 인공호흡기, 심박동장치, 심폐소생술 등과 같은 의료기구들과 영양공급장치의 도움을 받게 되면, 생명을 인위적으로 연장시킬 수 있게 되었다. 과거에는 사망했을 환자들이 생명을 연장할 수 있게 되면서 존엄사와 연관된 다양한 윤리적인 문제들이 발생하게 되었다.

이 장에서는 생명의 시작과 관련된 유전공학 기술과 임신중절의 문제, 생명의 종결인 죽음의 문제와 연관된 연명치료와 존엄사의 문제, 그리고 뇌사와 장기이식의 문제를 다루면서 생명에 대한 존엄성과 책임의 문제를 생각해 보려 한다.

1. 유전자 조작 기술과 맞춤 아기

인간 생명의 시작은 인간이 접근할 수 없는 미지의 영역이었다. 하지만 유전공학의 발달은 인간 생명의 시작에 점점 개입하면서 유전병이 없는 건강한 아기를 얻으려 하는 것을 넘어 보다 탁월하고 유능한 유전자를 지닌 아이를 얻으려 한다. 이를 가능하게 하는 것이 유전자재조합기술(recombinant DNA technology)이다. 이 기술은 유전자의 기능과 속성을 밝혀 바람직하지 못한 유전 인자를 제거하고, 원하는 유전자를 주입하여 변형하는 기술이다. 이 기술을 이용하면 개인의 유전적 특성을 고려하여 질병에 대한 진단과 치료 방법을 개발할 수 있을 뿐 아니라 더 나아가 부모의 취향에 맞는 맞춤 아기(designer babies)나 탁월한 지능이나 운동신경을 지닌 슈퍼 베이비의 탄생도 가능하게 될 것이다.

영화 가타카(1997년)는 유전공학이 고도로 발달하게 된 미래 사회를 배경으로 하고 있다. 주인공 빈센트(Vincent)는 부모의 자연스러운 성관계를 통해서 태어난 신의 아이이다. 빈센트가 태어나자, 병원에서는 피 한 방울을 채취하여 유전정보를 분석한다. 이에 따르면, 빈센트는 신경계 질환 가능성 60%, 우울증 가능성 42%, 집중력 장애 가능성 89%, 심장질환 가능성 99%로 조기 사망이 우려되며, 예상 수명은 30.2세이다. 크게 실망한 부모는 유전공학의 도움을 받아 두 번째 아기를 낳기로 한다. 그리하여 동생 안톤(Antone)은 완벽한 맞춤 아기로 모든 우월한 조건을 갖추고 태어난다.

빈센트는 유전적으로 부적합 상태인 반면, 안톤은 나쁜 유전 인자들을 모두 제거하여 완벽한 상태로 태어난다. 가타카는 우주비행사를 양성하는 기관으로 유전적으로 우수한 자들에게만 기회를 주는 곳이다. 유전적으로 부적합한 빈센트의 꿈은 가타카에 입사하여 목성으로 가는 것이다. 가타카에 도전할 기회조차 주어지지 않는 현실에 빈센트는 좌절을 거듭하게 된다. 하지만 빈센트는 우주비행사가 되는 꿈을 포기할 수 없다. 빈센트는 자신의 꿈을 이룰 수 있을까?

유전공학자들은 유전공학 기술을 통해서 인류의 발전을 이룰 수 있으리라고 기대한다. 이 기술을 통하여 유전병을 극복하여 건강한 삶을 제공할 뿐 아니라 "최고의 아기들"을 생산할 것으로 기대한다. 뛰어난 미모와 탁월한 근육, 명석한 두뇌를 지닌 뛰어난 사람들이 인류의 발전과 번영을 이룰 것이라고 기대한다.

그런데 유전자 조작을 통하여 우수한 인종을 개발한다든지, 탁월한 형질을 조합한 맞춤 아기의 출산이 가능하게 된다면 당장에는 유익할지 모르지만 예상치 못한 문제를 일으킬 위험성도 있다. 유전자 조작

기술이 갖는 문제점은 유전자가 모든 것을 결정해 버릴 수 있다는 점이다. 탁월한 유전자를 갖고 태어난 사람들이 권력과 부를 장악하게 될 가능성이 클 것이다. 반면 평범한 유전자를 갖고 태어난 사람들은 사회에서 설 자리를 점점 잃게 될 것이다. 인간을 이롭게 하기 위한 유전자 기술이 오히려 사회 불평등을 심화시키는 부작용을 낳는 디스토피아가 될 우려 또한 만만치 않다. 유전자 조작 기술은 고가의 의료 기술이기에 부자들만이 선별적으로 혜택을 누리게 될 것이다. 부자들은 자신들이 지닌 부와 권력으로 유전자 조작 기술을 독점하면서 능력을 강화하려 할 것이다. 이렇게 된다면 유전자 조작 기술은 기존의 사회 불평등을 더 심화시키는 결과를 초래하게 될 것이다.

따라서 유전자 조작기술은 선별적으로 적용되어야 하며, 사회 불평등을 일으키지 않도록 법이 정한 한계 내에서 조심스럽게 시도되어야 할 것이다. 유전자 조작기술이 적용될 현실적인 한계는 치료 차원에서인지 아니면 자질향상을 위한 목적인지를 구분하는 데서 시작되어야 한다. 유전적인 결함을 치료하기 위한 목적을 넘어서서 선호하는 우성인자를 강화하려고 할 때 자칫 인간의 이기적인 욕심으로 인해 원치 않는 해악을 초래할 수 있기 때문이다.

또한 각 개인에 주어진 재능과 능력은 자신만의 것이 아니라 공동체를 위해 선물로 부여된 것임을 기억해야 한다. 유전공학을 통한 능력의 강화는 더불어 살아가는 사람들에 대한 배려보다는 자기 생존과 번영의 집착을 드러내며, 선물이 아닌 소유로 인식되면서 재능과 능력의 가치를 절하시킬 수 있다.

유전자 조작기술에는 항상 인간의 이기심을 자극하는 상업주의가 개입될 가능성이 있기에 제도적인 규제와 감시를 소홀히 해서는 안 된다. 더 나은 형질을 제공하는 유전자 교정 행위를 통해 기질이나 능력까지도 향상하고자 하는 유혹에 빠질 수도 있음을 항상 경계해야 한다.

당뇨병, 겸상적혈구빈혈증, 암을 유전자 조작을 통해 예방할 수 있다면, 근시, 색맹, 독서 장애증, 비만증, 왼손잡이, 작은 키 등과 같이 이보다 훨씬 덜 심각한 부분에도 유전자 조작을 시도할지 모르기 때문이다.

2. 임신중절

임신중절(낙태)의 문제는 태아의 생명 존중과 깊이 연관되며, 생명의 시작을 언제부터 볼 것인지에 따라 윤리적 판단이 달라진다. 정자와 난자가 만나는 수정란에서 2주까지를 접합체(zygote)라고 부르며, 2주 정도가 지나면 수정란은 산모의 자궁에 착상이 된다. 2주부터 8주까지는 배아(embryo)라고 하는데, 뇌파가 감지되기 시작한다. 8주부터 출생 때까지는 태아(fetus)라고 부르는데, 이때로부터 모든 장기가 다 하나씩 형성되어간다.

모자보건법 제14조에 따르면, 태아가 특정한 정신장애나 신체질환을 갖거나, 전염성 질환이 있거나, 강간 또는 준강간에 의한 임신이나, 근친 간 임신의 경우나, 임신으로 모체의 건강을 해칠 우려가 있는 경우에는 인공임신중절수술의 허용한계를 정하고 있다.

임신중절과 관련해서 생명 우선론(pro-life)과 선택 우선론(pro-choice)으로 나뉜다. 생명 우선론은 산모의 자궁 속에 있는 태아의 생명을 우선하여 존중하자는 견해다. 산모의 생명이 위험에 처하는 경우가 아니면 인공임신중절은 금지해야 한다는 주장이다. 반면 선택 우선론은 여성의 자율성을 강조하면서 임신중절을 찬성하는 견해다. 태아는 인간이 갖는 인식, 추론, 자율성, 의사소통 능력, 자아 개념 등을 아직 갖고 있지 않기 때문에 인간으로 볼 수 없기에 산모에게 결정권이 있다는 주장이다.

기독교는 약자에 대한 특별한 관심과 존중을 강조한다. 여성은 사회적 약자로서 특별한 관심과 존중을 받아야 할 대상이다. 하지만 인류 역사에서 여성은 존엄성을 인정받지 못하고 희생의 대상이 되어 왔다. 이를 염두에 둔다면 산모인 여성의 존엄성 유지와 보호에 깊은 관심을 두어야 한다. 동시에 태아도 아직 자기 결정권을 갖지 못한 생물학적 약자이기에 더 많은 관심을 가져야 한다. 태아는 완벽한 인간의 모습을 갖추지 못했고, 자기 의사를 표시할 수 없는 존재로서 누군가의 대리적 변호가 필요하다. 따라서 임신중절의 문제에서 두 약자에 대해서 적절한 보호와 존중이 이뤄지는지 먼저 성찰할 필요가 있다.

현재 우리 사회는 저출산 문제가 심각하다. 여성들이 아이를 낳아 자유롭게 양육할 수 있는 사회구조적인 지원이 보장되어야 한다. 또한 미혼모를 향한 사회적 차별 시선이 개선되어야 하며, 여성들이 자신의 꿈을 펼칠 수 있도록 법적 보호와 사회적 지원이 제공되어야 할 필요가 있다.

3. 존엄사와 의사 조력 사망

존엄사(Death with dignity)는 '존엄한 죽음', 또는 '품위 있는 죽음'을 의미하는데, 인간으로서 최소한의 품위를 지키면서 죽을 수 있게 허락하는 행위 혹은 그 결과로써의 죽음을 뜻한다. 존엄(dignity)이라는 말의 어원은 라틴어 'Dignitas'에서 비롯되는데, 이는 인간의 본성 차원에서의 탁월함, 고귀함, 비교할 수 없을 정도의 가치를 지닌다는 것을 의미한다. 인간은 그 자체가 목적으로서 마땅히 존중받아야 하는 존재라는 의미다.

존엄사를 지지하는 배경에는 첫째, 자율성 존중의 원칙이 있다. 자율성 존중의 원칙은 자기 신체에서 발생하는 모든 일에 대하여 자기 스스로 결정할 권리가 있으며 그러한 권리는 존중되어야 한다는 원칙이다. 만약 인간에게 자율성이 허락되었다면 죽음까지도 스스로 결정할 권리가 있으며, 의사는 환자의 그러한 자율성을 존중하는 것이 마땅하다는 주장이다.

둘째, 말기 환자의 삶의 질을 고려하자는 주장이다. 말기 환자에 대한 의료 기술의 개입은 고통스러운 죽음의 연장이라는 딜레마를 안겨주었다. 회복 불가능한 말기 환자에 대한 인위적인 연명치료는 회복이 아니라 고통스러운 삶을 지속시켜 오히려 삶의 질을 떨어뜨리는 결과를 빚게 된다. 의미도 없는 힘들고 고통스러운 삶을 단순히 연장하는 치료를 계속하는 것은 환자를 비인간화시킬 수 있다. 차라리 극심한 고통이 지속되는 불가피한 죽음의 과정을 조금 앞당길 수 있다면 그렇게 하는 것이 바람직할 수 있다는 주장이다.

셋째, 환자가 겪는 고통을 고려하자는 주장이다. 의사는 환자를 치료할 의무가 있지만 환자에게 불필요한 육체적 정신적 고통을 안겨주는 치료 방법을 택하지 말아야 할 의무도 있다. 적극적인 약물치료는 환자의 생명을 단순히 연장할 뿐이며, 환자 자신이 치료받는 이유도 모르는 상태에서 엄청난 근육주사, 정맥주사, 채혈, 부작용 등에 시달리면서 오히려 더 비참해질 수 있다. 치료 불가능한 상황에 처한 환자에게 의학이라는 이름으로 가해지는 고통의 연장 행위가 더 비윤리적일 수 있다. 이러한 경우 치료의 중단 또는 철회는 비록 환자의 생명을 단축하겠지만, 그만큼 환자의 고통도 단축할 수 있게 된다.

넷째, 환자의 고통을 끝내고 품위 있게 죽도록 허용하는 일은 사랑이 동기가 된 자비로운 행위일 수 있다는 주장이다. 환자 처지에서 보더라도 견딜 수 없을 정도로 고통을 당하면서 다른 이들에게 경제적 정신적 부담이 되고 환영받지 않은 존재가 되기보다는 존엄하게 죽는 것이 더 나을 수 있다. 따라서 환자와 그의 가족이 원할 경우 생명을 인위적으로 지속시키는 특수 장치들을 제거하고 자연스럽게 죽음을 맞이하도록 하는 것이 더 나은 선택일 수 있다는 것이 존엄사를 찬성하는 측의 주장이다.

하지만 존엄사에 대한 우려 내지 반대측의 주장 또한 만만치 않다. 첫째, 자율권 존중의 원칙 보다 생명 존중의 원칙이 더 중요하게 고려되어야 한다. 자율권 존중의 원칙은 인간이 스스로 책임지는 인격이라는 기초 위에서 생명 존엄이라는 보다 큰 가치의 실현을 위하여 사용되어야 한다. 이는 인간 스스로 죽기 위한 '죽을 권리'가 아니라 '살기 위한 권리'가 더 우선시되어야 한다는 의미이다. 죽음에 대한 자기 결정권은 자신의 생명을 스스로 끝내도 된다는 의미는 아니며, 오히려 역설적으로 생명에 대한 존엄성과 고귀함 위에서 온전히 행사되어야 한다.

둘째, 인간의 생명을 삶의 질적인 차원에서만 접근하는 것은 위험한 발상일 수 있기에 생명 존엄의 가치는 삶의 질보다 더 우선하여 고려되고 판단되어야 한다. 인간에게 자신의 생명을 스스로 끝낼 권리가 있는지에 대해서는 심도 있는 논의가 필요하다. 생명의 종결은 되돌릴 수 없는 유일회적 사건이기에, 생명 존엄이나 인격성과 같은 근본 가치들을 함께 고려해서 신중하게 결정해야 한다. 따라서 생명의 끝에 관한 문제는 인간의 자율적 의사결정을 넘어서서 보다 근본적인 차원에서 숙고할 필요가 있다.

셋째, 환자의 고통을 끝내고 죽음을 앞당기는 것만이 능사는 아니다. 환자의 고통을 없애려는 행위가 생명이 지닌 가치보다 더 중요하게 판단되어서는 안 된다. 생명을 인위적으로 단축해 가면서까지 환자의 고통을 덜어주려는 것은 바람직하지 않다. 따라서 생명의 종결에 관한 문제는 인간의 자율적 의사결정을 넘어서서 보다 근본적인 차원에서 접근하여 논의해야 한다. 생명은 그 자체로 무한한 가치를 지니기에 어떤 다른 목적을 위해서 쉽게 포기되어서는 안 된다. 따라서 임종말기 환자의 고통에 대한 진정한 해결책은 존엄사의 합법화가 아니라 고통 완화 치료를 통한 환자에 대한 따뜻한 배려와 관심이 되어야 한다.

존엄사는 자연사와 연속성 속에서 고려할 필요가 있다. 의사가 환자를 치료함에 있어서 회복될 희망이 전혀 없는 환자의 생명을 인위적으로 연장시키는데 대한 회의를 느끼게 되는 순간이 있다. 의사가 판단하기에 이제 그만하면 충분하다 싶을 때를 결정해야 할 때가 있다. 이는 삶의 무의미한 연장 보다는 환자가 자연스럽게 죽도록 놓아야 할 시기인 것이다. 존엄사는 회복불가능한 환자에 대한 무의미한 생명연장치료를 인위적으로 지속시키는 것을 중지하고 자연스럽게 생을 마감할 수 있도록 배려하는 데서 시작되어야 한다. 말기 환자에 대한 치료가 더 이상 의미가 없을 경우에 인위적인 의료수단을 총동원하여 질병과 끝까지 싸우기보다는 오히려 평화로운 죽음을 맞이할 수 있도록 하는 것이다.

연명치료의 중단을 결정하기에 앞서 무의미한 돌봄이 무엇인지 규명해야 한다. 이를 위해 치료의 혜택과 치료의 효과를 구분할 필요가 있다. 치유될 가망이 전혀 없는 환자를 대상으로 한 연명치료의 중단이 과연 환자와 가족을 위한 진정한 사랑과 배려인지 신중히 고려하여 판단해야 한다. 말기 환자에게 사용되고 있는 특수한 의료기구나 치료들이 환자에게 생명의 연장이기보다는 오히려 죽어가는 상태의 연장일 뿐이라는 확신이 들 때 가능한 한 환자를 편안하게 해 주면서 비상조치로 동원된 의료 장치들을 철거하고 환자가 자연스럽게 생을 마칠 수 있도록 자연의 섭리에 그 경과를 맡기는 것이 바람직하다.

죽음의 과정을 자연스럽게 받아들이지 않고 환자의 생명을 무의미하게 인위적으로 연장시키는 것은 옳지 않다. 차라리 복잡하고 특별한 의료장치들을 모두 제거하고 환자로 하여금 가족들의 사랑과 관심 속에서 죽음을 준비하는 것이 바람직하다. 그러나 이 경우에도 일반적인 치료는 기본적으로 유지되어야 한다. 최소한의 영양공급과 위생이 유지되도록 하고 통증 방지를 위한 기본적인 치료를 제공하여 환자가 극심한 고통 중에 죽거나 기아와 탈수로 죽음에 이르도록 방치해서는 안 된다. 영양과 수분공급은 환자의 생명 유지와 존엄성과 직결되기 때문이다.

말기 환자에 대한 무의미한 연명치료의 중단은 결과적으로 환자의 죽음을 가져오기 때문에 이를 결정하기 전에 환자와 가족이 처한 다양한 상황을 충분히 고려해서 판단해야 한다. 먼저 환자 본인과 가족이 죽음을 하나님의 부르심으로 보고 죽음을 신앙적으로 받아들일 준비가 되었는지를 확인해야 한다. 환자 본인과 가족이 죽음에 대해 충분히 준비되었다면 환자와 가족의 의견을 존중하여 연명치료를 중단할 수 있다. 그러나 환자와 그 가족이 죽음을 맞이할 신앙적인 준비가 되지 않았다면 죽음을 맞이할 시간과 기회를 제공하는 것이 마땅하다. 기독교적인 관점에서 죽음은 이 세상에서의 삶의 마침이지만 영원한 삶을 위한 새로운 출발점이기도 하기 때문이다. 따라서 죽음이 이 세상에서의 아름다운 마침임과 동시에 새로운 출발이 되도록 가족들은 신중하게 배려해야 한다.

생물학적 관점에서 볼 때 생명이란 '목숨(bios)'이다. 생명은 목숨이 붙어 있는 상태이다. 하지만 신학적 관점에서 생명이란 우리를 둘러싸고 있는 모든 것들과의 관계성 속에서 해석된다. 생명이란 인격적이며, 사회적인 다양한 관계 속에서 이루어지는 모든 삶의 활동이다. 죽음이란 삶의 종결일 뿐 아니라 그와 함께 한 모든 이들과의 관계의 단절인 공동체적 사건이다. 따라서 말기 환자가 삶의 마지막을 아름답게 잘 마무리할 수 있도록 가족 공동체와 교회 공동체가 따뜻한 인간적인 관심과 애정을 갖고 배려하는 자세가 필요하다.

존엄사는 기독교적 관점에서 생명 존엄성의 문제와 직결된다. 인간의 생명은 하나님이 주신 가장 고귀한 선물이므로 그 어떤 경우에도 침해될 수 없으며 침해되어서도 안 된다. 생명은 신성하며 그 어떤 것과도 비교될 수 없을 만큼 가치를 지니기 때문이다. 생명은 한번 잃게 되면 다시 회복할 수 없기 때문에 이 세상 그 무엇과도 바꿀 수 없으며, 그 자체로 존엄한 선물이다. 생명의 주인은 인간 자신에게 있는 것이 아니라 하나님에게 있다. 인간은 하나님이 부여하신 생명의 관리자일 뿐, 생명을 자기 스스로 처분할 수 있는 권리는 없다. 생명의 시작과 끝을 결정하는 것은 오직 하나님의 권한인 것이다.

생명의 존엄성을 고려할 때, 다음은 좋은 죽음을 위한 조건들이다. 심폐소생술금지가 적시에 이뤄지는가? 심폐소생술 이용에 의사와 환자가 합의했는가? 중환자실에서 보낸 기간이 비교적 짧은가? 고통 완화 치료가 적절하게 이뤄졌는가? 죽음 전에 고비용의 의료 기술을 적게 사용했는가?

성경은 인간이 하나님의 형상으로 창조된 피조물임을 강조하고 있다. 하나님의 형상이라는 개념은 하나님과 대화 가능한 인격적 존재라는 의미이다. 인간은 하나님의 형상으로 창조되었다는 점에서 내재적인 가치를 지닌 존재라 할 수 있으며 하나님의 섭리와 보호 하에 있는 특별한 존재라고 할 수 있다. 인간에게 부여된 하나님의 형상이라는 개념은 인간 생명에 대한 책임을 강조한다.

인간의 생명이 신성하다고 말하는 것은 인간의 생물학적인 생명의 차원을 넘어선다는 것을 의미한다. 하나님의 형상이라는 개념은 인간의 생명이 신성하며, 인간은 생명의 청지기로 부름 받은 책임적 존재임을 강조한다. 따라서 우리는 타인의 생명을 존중해야 할 뿐만 아니라 자신의 생명을 함부로 끊어서는 안 된다. 따라서 인간 스스로 자신의 생명을 종결시키는 행위는 하나님의 온전하심과 생명의 존엄성에 반하는 행위라고 할 수 있다.

또한 존엄사는 고통과 죽음에 대한 올바른 관점의 정립과 직결되는 문제이다. 참을 수 없는 지속적 고통 속에서 죽기를 희망하는 환자의 요구는 거절하기가 쉽지 않다. 또한 고통 속에서 신음하는 환자에 대한 연민의 감정은 의사를 무척 곤혹스럽게 만든다. 그러나 성경적 관점에서 본다면 고통과 죽음에 대한 새로운 이해가 가능하다. 고통이 때로는 하나님의 은혜를 체험하는 신비한 방편이 된다. 또한 그리스도인들은 고통을 통해 그리스도의 고난에 참여하기도 한다. 그런 점에서 고통은 절대적으로 극복해야 할 악으로 간주되지 않는다. 하나님의 은혜의 시각에서 고통을 새롭게 바라보게 된다.

죽음은 양면성을 갖는다. 죽음은 이 세상에서의 시간의 끝이며 사랑하는 사람들과의 이별인 동시에 영원한 삶을 위한 시작이라 할 수 있다. 죽음 이후에는 부활과 영원한 생명이 있다. 따라서 죽음이란 결코 두려워할 대상이 아니라 하나님과 교통할 수 있는 영생에 이르는 통로가 된다. 죽음이 더 이상 두려움의 대상이 아니라면, 모든 수단을 동원해서 죽음에 저항할 필요는 없다. 하나님 안에서 영원한 생명을 확신하게 될 때, 하나님께서 허락하신 삶을 보다 책임적이고 의미 있게 살 수 있으며, 죽음 또한 의미 있게 받아들일 수 있게 된다.

따라서 말기 환자가 믿음 가운데서 영원한 삶에 대한 확신과 기대를 가지고 편안한 상태에서 죽음을 맞고자 치료받기를 거부한다면, 가족은 생명 연장을 위하여 더 이상 특수 치료를 강요하거나 고집할 필요는 없다. 무의미한 생명 연명치료를 중단하고 환자의 생명을 하나님의 손에 맡기고 평안하고도 품위 있는 임종을 맞을 수 있도록 배려하는 것이 바람직하다.

4. 뇌사와 장기이식

전통적으로 심장과 폐의 기능을 근거로 호흡이 중단되고 맥박이 멈추게 되면 사망으로 판단하였다. 그리하여 실제 임상에서는 죽음을 선고하기 위하여 심폐기능이 정지된 시각으로부터 30분간을 관찰하거나 심폐소생술을 실시하여도 회복되지 않을 때 30분을 소급하여 사망 시각으로 정한다. 하지만 최근 첨단 의료 기술의 발달로 심폐사는 더 이상 죽음의 판단기준이 될 수 없게 되었다. 비록 심장이 멈추게 되더라도 심폐소생술을 통해 심폐기능을 유지할 수 있게 되었고, 인공적인 생명 연명장치를 통해 환자의 생명을 인위적으로 연장할 수 있게 되었기 때문이다. 기계장치의 도움으로 생명을 유지하고 있는 환자에게서 이러한 생명유지 장치들을 제거하게 되면 환자는 죽음을 맞이하게 된다. 자연스러운 죽음의 방식이 첨단 의료 기술의 개입으로 인하여 죽음의 시점을 선택하지 않으면 안 되는 상황이 되었다.

심폐사가 죽음의 유일한 판단기준이 될 수 없게 됨에 따라 이를 대체하는 개념으로 뇌사가 제시되었다. 뇌사는 삶과 죽음의 경계를 그어야 하는 두 가지 현실적인 이유에서 제기되었다. 첫째, 환자가 뇌사상태에 빠져 회복 불가능한 상태로 무의미한 생명 연명치료를 지속하는 경우, 어느 시점에서는 치료를 중단해야 할 필요성이 있다. 특히 뇌사에서 심장정지까지 이르는 동안 막대한 치료비를 감당하기에는 환자 보호자의 정신적 경제적 고통이 지나치게 클 수 있다는 점을 고려해야 한다. 또한 삶과 죽음의 경계를 긋는다는 것은 의학적인 치료의 한계를 겸허하게 인정하는 방식일 수도 있다. 최선을 다해 치료하였음에도 아무런 성과나 혜택도 없이 무의미한 생명만 연장하는 경우, 치료 중단의 시점을 고민할 필요성이 있다.

둘째, 뇌사는 장기이식, 특히 사체의 장기를 제공받는 문제와 연관된다. 뇌 기능의 정지로 인하여 죽음이 머지않아 어차피 초래되는 것이라면 그 죽음을 예측하여 사망선고를 내리고 장기를 이식할 경우, 이식의 성공률을 높일 수 있을 뿐 아니라 죽어가는 생명을 살리는 지름길이 된다. 뇌사자의 장기를 이식받는 환자들의 혜택을 고려한다면 뇌사는 고귀한 희생을 통해 죽어가는 생명을 살리는 길이 된다. 이러한 이유로 뇌사는 1968년 8월 9일 제22차 세계 의학 회의에서 채택된 '시드니 선언' 에서 사망의 결정에 대한 유효적절한 기준으로 추천되어, 지금은 세계 여러 나라에서 폭넓게 수용되고 있다. 미국에서는 1970년에 법으로 채택되었는데, 거의 모든 장기가 뇌사 기준에 근거하여 뇌사자로부터 적출될 수 있게 되었다.

하지만 뇌에 결정적인 손상을 입었지만, 다른 장기는 아직 건강한 상태인 환자를 회복 불가능하다고 판단하여 그의 죽음을 미리 앞당겨 선고하는 것이 과연 윤리적으로 수용할 수 있는가에 대해서는 논란이 있다. 뇌사 반대론자들은 통상적으로 뇌사가 심폐사보다 생명의 종결 시점을 앞당긴다는 점에서 윤리적으로 문제 삼는다. 또한 심각한 질병으로 고통받는 자가 건강을 되찾아 행복한 삶을 영위하기 위해 죽어가는 과정에 있는 뇌사 환자를 수단으로 삼아 그의 죽음을 재촉하는 것이 도덕적으로 정당화될 수 있는지 고려해 보아야 한다. 이러한 이유로 의료계는 장기의 안정적 확보를 중요하게 고려하여 뇌사를 찬성하는 반면, 법률가나 종교인, 윤리학계에서는 뇌사자의 장기 적출을 엄격히 통제함으로써 인간의 생명권과 자율적 자기 결정권이 부당하게 침해되는 사태를 방지하는데 주목해 왔다.

뇌사 판정과 연관된 장기이식의 윤리적 문제는 생명과 죽음의 본질에 대한 근본적인 물음을 제기한다. 장기이식은 생체 장기이식과 사체 장기이식으로 나뉜다. 살아있을 때 기증할 수 있는 장기로는 신장, 간장, 골수가 있으며, 뇌사 판정 시 기증할 수 있는 장기로는 신장, 간장,

췌장, 심장, 폐, 골수 및 각막 등 7종류가 있다. 장기이식의 경우, 이식에 적합한 아직 기능하고 있는 장기를 확보하기 위해서는 가능한 한 정확한 사망 시간의 확정이 요구된다. 따라서 뇌사를 한 인간의 죽음으로 볼 수 있는가, 또한 뇌사자로부터의 장기 적출은 사체에서의 장기 적출인가 아니면 육체적으로는 아직 죽지 않은 단지 죽어가는 과정에 있는 자로부터의 장기 적출인가 등과 연관된 다양한 질문을 던지게 된다.

죽음은 신체의 모든 부분이 한순간에 동시에 죽지 않는다는 의미에서 죽어가는 과정이라 할 수 있다. 손톱과 머리카락은 죽은 이후에도 한동안 계속 자라게 된다. 완전한 세포사를 주장하지 않는 한, 인간의 죽음은 신체의 어느 기능의 정지로 볼 것이냐의 물음으로 귀결된다. 그런 점에서 '죽어간다는 것'은 개개의 조직세포가 분해되고 재생 능력이 쇠퇴하는 하나의 과정으로 간주되는 반면, '죽음'은 한 인격체 삶의 종말에 이루어지는 일회적인 사건을 의미하는 것으로 간주할 수 있다.

뇌사는 뇌의 모든 기능이 상실되고 또한 어떠한 치료를 위해 최선의 노력을 다하더라도 회복될 수 없는 상태가 되었을 때, 뇌 기능의 정지는 심장이나 다른 장기의 손상이나 정지로 직결되기 때문에 뇌사를 죽음으로 인정하자는 의견이다. 영구적인 식물인간이나 무뇌아의 경우 전뇌사적 사망 기준에 따르면 생존해 있는 것으로 간주하지만, 대뇌사에 따르면 사망한 것이 된다. 따라서 대뇌의 기능 상실을 죽음의 기준으로 수용하려는 입장은 급진적이며 윤리적으로도 많은 문제점을 지니기에 현실적으로 수용하기에는 어렵다고 판단된다.

뇌사는 죽음의 본질적인 두 차원인 의식 능력의 불가역적인 상실과 개체 전반의 통합 기능의 불가역적인 중단을 모두 포괄하려는 개념으로서 죽음의 새로운 기준으로 제시되었다.[90] 뇌사 문제는 신체의 통합 기능 상실과 직결된다. 생명이란 전체로서 유기체 기능이 통합된 상태를 말하는데, 뇌, 심장, 폐의 상호작용이 이러한 통합 기능을 결정하는 핵심 요인이다. 이 중에서 뇌는 전체로서의 유기체를 통합하는 핵심적인 기능을 하는 중추 기관이다. 따라서 뇌 기능의 불가역적인 상실은 전체로서 유기체의 통합 기능이 상실되었다는 것을 의미하기에 죽음의 표지가 될 수 있다는 것이다.

뇌사 문제는 또한 인격성 상실과 직결된다. 뇌는 인간의 의식을 관장하고 정신 활동을 가능하게 하는 핵심 중추 기관이다. 그런 점에서 뇌사는 생물학적으로는 죽음의 진행 과정에 있는 과도기적 상태라 볼 수 있지만, 사회 심리학적인 측면에서는 이미 인격성을 상실하였기 때문에 인격적인 죽음으로 간주한다. 컬버와 거트는 인격은 생물학적인 개념이 아니라 자의식과 인식과 같은 인간의 본질적인 속성으로 보면서, 만약 이것을 상실하면 삶은 의미를 잃게 된다고 주장하였다.[91]

가령, 영구적인 식물인간 상태의 환자는 생물학적인 의미에서만 살아 있지만 주체적으로 체험하며 반응하고 행동하는 인격체로서의 인간은 이미 죽은 것으로 간주한다. 자의식과 인식의 영구적인 상실은 인격적인 죽음의 충분조건이라면, 식물인간 상태의 환자들은 더 이상 인격이 아니라고 볼 수 있다. 따라서 식물인간 상태의 환자들은 단지 인격이 없는 생물학적인 유기체로서 존재하지만, 진정한 존재 의미를 상실한 상태라고 볼 수 있다. 뇌 기능이 돌이킬 수 없을 정도로 완전히 상실하게 될 때 존재 의미를 잃게 될 뿐 아니라 인간적인 삶도 불가능하므로 죽음으로 인정해야 한다는 주장이다.

뇌사 문제는 장기이식과 연결된다. 장기이식은 뇌사자나 기증자의 생체에서 건강한 장기를 추출하여 치료할 수 없는 말기 환자들의 장기를 대체하는 기술로서 지속해서 발전을 거듭하고 있다. 또한 이식된 장기의 거부 반응이 일어나지 않도록 새롭고 향상된 면역억제제가 개발되어 이식의 성공률을 높이고 있다.

전통적인 죽음의 방식인 심폐사만을 고수한다면, 장기이식은 현실적으로 불가능하다. 하지만 수많은 사람이 장기이식을 기다리다가 죽어가는 현실을 직시한다면 심폐사를 대체하는 개념으로 뇌사를 받아들일 수 있게 된다. 뇌사상태에서 기증할 수 있는 장기로는 신장, 간장, 췌장, 심장, 폐, 각막 등이 있다. 사후에 기증할 수 있는 장기는 각막으로 사후 6~8시간 이내에 적출해야 한다. 따라서 전체 뇌 기능 및 활동이 멈춘 상태를 사망으로 정의 내린다면, 살아있는 장기를 이식하는 것이 가능하게 된다. 이러한 이유로 전뇌사 기준이 폭넓게 수용되면서 뇌사 환자들은 장기 조달의 가장 중요한 자원이 되고 있다.

뇌사자는 자신의 장기를 필요로 하는 사람들에게 제공함으로써 불치병의 환자들에게 새로운 생명을 제공할 수 있다. 따라서 자발적 동의에 의한 장기이식은 자기희생을 통해 사랑이나 자비와 같은 인류애의 보편적 가치를 실현하는 방편이 된다. 김형철은 장기이식을 살신성인의 정신과 고귀한 인류애를 실현하는 가치 있는 행위로 보면서, 장기이식의 긍정적 측면을 강조하였다. 첫째, 인간의 장기와 같이 가치 있는 자원을 자발적으로 재활용하는 것은 도덕적으로 정당화될 수 있다는 것이다. 생명과 직결되는 희소한 자원인 인간의 장기가 자발적 기증으로 죽어가는 자들에게 이식되어 죽어가는 생명을 살린다면 이보다 더 큰 사랑과 희생은 없다. 기증자는 고귀한 자원인 장기를 기증함으로써 사랑의 미덕을 실천하게 되고, 수혜자는 장기를 기증받음으로 건강과 행복을 되찾게 된다. 이런 점에서 볼 때 장기이식은 호혜적인 측면이 강하다고 볼 수 있다. 둘째, 장기의 기증자와 수혜자가 반드시 일방적으로 구분되지는 않는다는 점이다. 누구나 수혜자가 될 수 있고, 누구나 기증자가 될 수 있다. 그런 점에서 장기이식은 공동체 의식을 고양하고, 연대성을 더욱 강화하는 효과적인 수단이 된다.[92] 의료에서의 덕은 자신의 덕과 품성의 함양을 통하여 더 고상한 가치를 위한 도덕적 행위를 하고자 하는 행위자의 노력을 통해 형성된다.

따라서 자발적인 기증 의사를 밝힌 뇌사자의 장기를 다른 환자에게 이식하여 새 생명을 제공하고 건강을 회복시킬 수 있다면 뇌사자의 장기기증에서 숭고한 희생정신을 찾을 수 있다. 그런 점에서 자발적인 의사를 근거로 한 뇌사자의 장기 제공은 건강과 행복을 되찾게 되는 수혜자의 측면에서 볼 때, 자발적인 희생을 대가로 주어지는 존엄한 선물이다.

나오는 말

위에서 생명의 시작과 관련된 유전공학과 임신중절의 문제, 생명의 종결인 죽음의 문제와 연관된 연명치료와 존엄사의 문제, 그리고 뇌사와 장기이식의 문제를 다루면서 생명에 대한 존엄성과 책임의 문제를 생각해 보았다.

성경은 인간이 하나님의 형상으로 창조된 피조물임을 강조하고 있다. 하나님의 형상이라는 개념은 하나님과 대화할 수 있는 인격적 존재라는 의미이다. 인간은 내재적인 가치를 지녔을 뿐 아니라 하나님의 섭리와 보호 아래에 있는 특별한 존재이다. 인간에게 부여된 하나님의 형상 개념은 인간 생명에 대한 책임을 강조한다. 인간의 생명은 하나님이 주신 가장 고귀한 선물이므로 그 어떤 경우에도 침해될 수 없으며 침해되어서도 안 된다. 생명은 신성하며 그 어떤 것과도 비교될 수 없을 만큼 가치를 지닌다.

유전공학과 관련해서 유전자 치료는 인간이 과학기술을 통해 탐욕으로 치닫지 않도록 경계해야 하며, 인류의 건강과 생명공동체의 존중과 함양이라는 올바른 목적만을 위해 선하고 지혜롭게 사용해야 할 것이다.

임신중절과 관련해서 "나의 형질이 갖추어지기도 전부터 주님께서는 나를 보고 계셨으며(시편 139장 16절)"라는 말씀처럼 태아는 하나님의 특별한 관심과 돌보심 가운데 있음을 기억하면서 부득이한 상황이 아닌 한 태아의 생명을 우선하여 특별한 관심으로 돌볼 필요가 있다.

존엄사와 관련해서 생명은 한번 잃게 되면 다시 회복할 수 없으므로 이 세상 그 무엇과도 바꿀 수 없으며, 그 자체로 존엄한 선물이다. 생명의 주인은 인간 자신에게 있는 것이 아니라 하나님에게 있다. 인간은 하나님이 부여하신 생명의 관리자일 뿐, 생명을 자기 스스로 처분할 수 있는 권리는 없다. 인간의 생명이 신성하다고 말하는 것은 인간의 생물학적인 생명의 차원을 넘어선다는 것을 의미한다. 인간의 생명은 신성하며, 인간은 생명의 청지기로 부름 받은 책임적 존재이다. 따라서 우리는 타인의 생명을 존중해야 할 뿐만 아니라 자신의 생명을 함부로 끊어서는 안 된다.

뇌사와 장기이식과 관련해서 회복이 전혀 불가능한 전뇌사 상태에 빠졌으며, 자신의 장기를 자발적으로 기증하겠다는 의사를 밝혔을 때는 그의 희생을 통해 질병으로 고통당하는 여러 환자를 회복시키는 계기가 된다. 이는 자신의 생명을 내어주는 고귀한 사랑의 실천이며, 십자가의 사랑으로 자신을 희생하고 인류를 구원한 예수 그리스도의 섬김을 본받는 길이다.

생각 나누기

01 유전공학기술은 인류에게 유토피아를 가져올까? 아니면 디스토피아를 가져올까?라는 주제로 토론해 보자.

02 기독교 생명윤리로 본다면, 의사조력사망을 선택한 윌의 결정은 어떤 문제가 있을까?

03 우리나라의 장기이식 현황을 외국의 사례와 비교해 보고, 장기기증을 활성화하기 위한 효과적인 방안을 찾아보자.

10장

기독교와 평화

10장

기독교와 평화

들어가는 말: 평화 문맹과 평화감수성

왜 평화인가? 이 질문은 '왜 평화를 말하는가?'와 '왜 평화를 원하는가?'라는 두 가지 의미를 함축한다. 왜 평화를 말하는가? 많은 사람이 평화를 원하기 때문이다. 왜 평화를 원하는가? 현재 평화롭지 않기 때문이다. 그렇다면 사람들이 원하는 평화는 어떤 평화인가? 평화를 이루는/평화에 이르는 방법은 무엇인가? 이 각각의 질문은 별개이면서 동시에 서로 연결되어 있다. 현재 평화롭지 않다고 판단하는 기준에 따라, 원하는 평화가 어떤 평화이며 평화를 실현하는 방법이 결정되기 때문이다.

현재 평화롭지 않기 때문에 평화를 원하고, 평화를 원하기 때문에 평화를 말하지만, 여전히 현실은 평화롭지 못하고 평화가 추상적인 관념처럼 느껴지는 건 왜일까? 그 이유를 이찬수는 다음과 같이 설득력 있게 말한다.

> 많은 이들이 평화를 원하기만 할 뿐 평화롭기 위한 실천은 하지 않기 때문일 것이다. 평화를 원하기는 하지만, 자신이 원하는 평화가 무엇인지 잘 모르기 때문일 수도 있다. 평화에 대해 알기는 하지만, 개인이든 집단이든 실천하는 방법을 잘 몰라서 그런 것일 수도 있다. 평화에 대해 말하기는 해도, 그저 입에 발린 립써비스이거나 의미없는 수식어로만 사용하기 때문일 수도 있다. 평화를 내가 이루기보다는 남에 의해 만들어지기를 바라는 수동성 때문일지도 모른다.[93]

이찬수는 이 모든 것들이 '평화 문맹'에 해당한다고 보고 있다. '평화 문맹'이란 문자 그대로 '평화에 대한 무지'뿐만 아니라 '평화에 대한 이해 부족', '평화에 대한 왜곡된 지식' 그리고 '평화에 대한 편향적 일반화'에 이르기까지 다양한 층위를 가지는 개념이다. 이때 평화 문맹은 인지적 차원뿐만 아니라 정서적, 실천적 차원에서도 평화에 대한 무지, 이해 부족, 왜곡된 지식, 편향적 일반화로 나타난다.

이러한 평화 문맹을 극복하기 위해서는 '평화감수성'이 요청된다. 평화감수성이란 첫째, 모든 인간은 평화권(平和權)을 가진다는 것을 인정하는 능력이다. 둘째, 평화의 의미를 명확히 알고 자신의 평화권을 주장할 수 있는 능력이다. 셋째, 반(反)평화적 상황으로 인한 타인의 고통에 공감하고 타인의 평화권을 주장할 수 있는 능력이다. 넷째, 반평화적 상황과 평화권 침해로 인해 발생되는 결과를 명확히 인식할 수 있는 능력이다. 다섯째, 평화권 침해 사태의 발생과 그 해결 과정이 자신과도 깊은 관련이 있다는 책임을 인식하고 그것을 해결하기 위해 노력하는 능력이다. 평화와 반평화를 자신의 문제로 수용하여 자신과 타인의 삶 속에 평화 의지를 형성하고 평화를 구체적으로 실현할 조건을 찾는 능력이다.[94] 이처럼 평화감수성은 평화에 대한 인지적, 정서적, 실천적 측면을 모두 아우른다. 그러므로 다양한 차원에서 나타나는 평화 문맹의 대안으로 평화감수성이 요청된다.

이 장에서는 평화감수성의 인지적 측면에 초점을 맞추어, 먼저 인권으로서의 평화권과 평화의 개념을 논의하고, 이어서 기독교와 평화를 중점적으로 다루고자 한다.

2. 평화권과 평화

1) 평화권

> 지구상 모든 사람은 평화에 대한 신성한 권리(이하 평화권)를 가진다.[95]
>
> [T]he peoples of our planet have a sacred right to peace.[96]

위 선언은 1984년 유엔총회에서 채택된 '평화권 선언(Declaration on the right of People to Peace)'이다.[97] 평화권은 평화와 인권이 결합한 용어로서 "평화롭게 살 인간의 권리"를 뜻하는 "평화적 생존권"이라고도 한다.[98]

평화권에 관한 논의는 평화권 개념이 형성되기 시작한 1970년대부터 2016년 유엔인권이사회의 '평화권 선언'에 이르기까지 유엔이 주도했다. 정진성은 이러한 평화권 논의의 과정이 '평화를 인권의 조건으로 인식하는 단계'에서 '평화권을 기본적 인권으로 인식하는 단계'까지 평화권의 개념과 범위 및 평화의 개념이 변천되는 과정이라고 평가한다. 유엔 주도의 평화권 논의 과정과 그 과정에 나타난 논점은 다음과 같다.[99]

〈유엔 주도의 평화권 논의 과정〉

- 1960~70년대: 평화를 인권의 조건으로 인식함
- 1980년대: 평화를 권리로 인식하되 개인의 권리가 아닌 집단의 권리로 간주함
- 1990년대: 유네스코의 평화문화와 평화교육 개념을 통해 적극적 평화에 대해 논의함
- 2010년대: 개인과 집단의 권리로서의 평화권이 정착됨
- 2016년 평화권 선언: 평화권의 국제인권규범 정립에 부담을 느낀 서방 선진국의 반대로 인해 긴 서문과 다섯개 항목의 본문으로 구성된 내용 없는 선언을 발표함

〈유엔 주도의 평화권 논의 과정에 나타난 논점〉

- 첫째, 평화가 인권의 전제조건으로 보는 인식에서 인류의 보편적 인권 그 자체라고 하는 개념으로 발전함
- 둘째, 평화의 개념이 무력 갈등의 종식에서 교육, 문화, 발전 등까지 폭넓게 포괄하는 적극적 평화의 방향으로 변화됨
- 셋째, 평화권 개념이 집단 간 무력 갈등으로부터의 안전이라는 집단의 권리에서 개인의 평화에 대한 권리라는 개인의 권리까지 포함하는 개념으로 발전함

2) 평화

일반적으로 평화는 '폭력이 없는 상태'를 가리킨다. 폭력 부재로서의 이러한 평화 개념은 평화와 폭력이 밀접하게 관련되어 있음을 보여준다. 폭력은 '당사자가 원하지 않는데도 강제되는 모든 것'을 가리키며 '생명체의 존재 그 자체를 긍정하지 못하는 자세'에서 비롯된다. 폭

력은 인간과 생명에 대한 존엄성이 사라지고, 생명 가진 존재를 업신여길 때 발생한다. 그러므로 '강제성'과 '생명에 대한 업신여김'은 폭력을 규정하는 근거가 된다.[100] 그러므로 평화는 "강요나 억압을 받지 않고 각자의 자유롭고 독립적인 판단에 근거해 행복하고 원하는 것을 얻을 수 있는 상태"[101], "모든 형태의 폭력이 사라진 상태에서, 삶의 다양한 관계를 맺고 있는 각 존재가 서로 존중하며 더불어 살아갈 수 있는 조건이 갖춰진 상태"[102]를 가리킨다.

요한 갈퉁(Johan Galtung)은 '전쟁 부재의 상태'로만 보았던 기존의 평화 개념에 대해 문제 제기하고 평화의 개념을 확장하여 평화를 '소극적 평화'와 '적극적 평화'로 분류한다.[103] 소극적 평화는 신체적 폭력, 테러, 전쟁, 정신적 폭력 등 인간의 신체에 가해지는 직접적 폭력이 없는 상태를 뜻한다. 적극적 평화는 직접적 폭력뿐만 아니라 권력과 재화의 불평등한 분배로 인한 구조적 폭력과 문화적 폭력이 극복되고, 갈등과 대결의 근원이 제거된 상태를 의미한다.

갈퉁의 이러한 평화 개념은, 비록 전쟁이 크고 광범위한 폭력이기는 하지만 다양한 폭력 중의 하나일 뿐이며 인간의 생명과 삶을 위협하는 폭력이 일상의 사회 구조에 존재한다는 사실을 인식하도록 한다. 일상의 사회 구조에 존재하는 구조적 폭력은 억압, 착취, 불평등, 차별, 배제 등 다양한 형태로 나타난다. 문화적 폭력은 종교, 이데올로기, 언어, 예술 등 인간사회의 상징적 영역을 매개로 가해지는 폭력이다. "문화적 폭력은 직접적 폭력과 구조적 폭력을 정당화하고 합법화"하며 "사회가 직접적 폭력과 구조적 폭력을 정당화하고 인정하게" 만든다.[104] 그러므로 문화적 폭력은 구조적 폭력의 토대이자 자양분이며 직접적 폭력으로 이어지게 만드는 근본 원인이라 하겠다.

3. 기독교와 평화

1) 성경에 나타난 평화

샬롬

샬롬(shalom, שָׁלוֹם)은 평화를 의미하는 히브리어이다. 샬롬의 어근 slm은 '튼튼하다', '안전하다'는 뜻으로 샬롬의 실질적인 의미를 나타낸다. 이때 샬롬은 '통전성', '온전함'을 가리킨다. 이는 샬롬과 어원적으로 뿌리가 같은 아람어와 아카드어 살라무(salamu), 아랍어 살람(salaam)의 뜻과도 연관된다. 이 단어들은 '충분히 먹다', '균등하다'라는 뜻을 가지며 '결함이 없고, 건강하고, 완전한 상태'를 의미하고 '안전, 번영, 고통으로부터의 자유, 정치적 안녕'을 가리킨다.[105] 결국 이 단어들은 인간의 삶을 구성하는 모든 차원의 평안, 즉 '통전적인 평안'을 나타낸다.

구약성경에 의하면 질병, 불의, 가난, 갈등, 폭력, 전쟁으로 인해 인간의 육체와 영혼, 사회가 피해를 당하고 사람들 사이의 조화로운 관계가 깨어졌을 때 샬롬이 상실된다. 이때 샬롬은 "갈등과 전쟁이 사라진 상태 이상의 것을 의미한다."[106] 샬롬은 하나님과 인간의 바른 관계, 인간과 인간의 바른 관계, 인간과 자연의 바른 관계가 형성될 때 이루어진다. 그러므로 샬롬은 어떤 상태를 나타낸다기보다는 관계에 기초한 개념이다.

이처럼 샬롬의 어근, 어원, 용례를 살펴볼 때, 샬롬은 '평화, 튼튼함, 안전, 통전성, 온전함'을 가리키며 '인간 삶의 통전적인 평안'을 나타내고 '갈등과 전쟁이 사라진 상태 이상의 것'을 의미하며 '바른 관계'가 형성될 때 이루어진다.

에이레네

에이레네(eirene, ειρήνη)는 평화를 뜻하는 그리스어로서, 계속되는 전쟁 상황의 중간에 존재하는 '평화로운 때' 또는 '평화로운 상태'를 의미한다. 그리스 사상에서 평화는 전쟁의 반대말이다. 그러므로 에이레네는 '전쟁이 없는 상태'를 뜻한다. 특히 에이레네는 아우구스투스 황제(27 BC~AD 14 재위)가 다스리던 때의 그레코-로만(Greco-Roman) 세계에 최고조 상태였으며, 이후 로마 황제들의 전쟁 억지력에 의한 에이레네가 소위 '팍스 로마나(Pax Romana, 로마의 평화)'이다.[107]

그러나 신약성경에서는 에이레네가 그리스 사상의 에이레네와 다른 의미로 사용되었다. 신약성경의 에이레네는 '인간 삶의 통전적인 평안'으로서의 샬롬과 같은 뜻을 가지며, 그것은 하나님과 인간의 바른 관계, 인간과 인간의 바른 관계, 인간과 자연의 바른 관계가 형성될 때 이루어진다는 것이다.

누가복음서 2장의 예수 탄생 이야기는 그레코-로만 세계에 통용되던 그리스 사상의 에이레네를 인지하면서도 그것과는 다른 의미의 에이레네를 보여준다. 누가복음서의 예수 탄생 이야기에서 예수의 탄생은 "큰 기쁨이 될 소식(good news of great joy)" 즉 '복음'이며 "사람들에게 평화"를 가져온다. 그런데 '복음'이라는 표현은 당시 로마 황제의 등장과 탄생에만 사용되던 말이었다. 더 나아가 예수의 탄생이 "사람들에게 평화"를 가져온다는 것은, 로마 황제가 전쟁 억지력으로 수립한 '팍스 로마나'가 아니라, 예수가 하나님 나라 운동을 통해 이룰 '팍스 크리스티(Pax Christi, 그리스도의 평화)'야말로 진정한 평화임을 나타낸다.

2) 기독교 전통에 나타난 평화

평화주의(Pacifism)

평화주의는 예수의 산상수훈에 기초하여 비폭력의 방법으로 예수의 가르침을 실천하는 입장이다. 평화주의 입장이 우세했던 기독교 역사의 초기 3세기 동안에는 교회가 전쟁에도 반대했고 전쟁에 나가는 것도 반대했다. 이러한 초기 평화주의 전통은 어떤 경우에도 폭력 사용과 전쟁 참여를 거부하는 '절대적 평화주의'에 해당한다. 이러한 입장을 견지하는 교회를 "역사적 평화교회(Historical Peace Churches)" 또는 "평화교회 전통"이라고 한다.[108] 현대 평화 연구에서는 비폭력이 당연히 '비폭력 저항'을 의미하지만, 기독교 역사 초기에 비폭력은 비록 저항의 한 방법이었음에도 불구하고 외형적으로나 결과적으로도 '무저항'과 차이가 없는 것으로 평가된다.

4세기 초 로마 황제 콘스탄티누스(Constantinus the Great, 306~337 재위)가 기독교를 합법 종교로 인정하면서, 평화주의는 정당 전쟁론에 밀려 비주류 입장이 되었지만 기독교 역사에서 지속되었다. 종교개혁 시기에 급진적 종교개혁 그룹이 폭력주의자와 비폭력주의자로 갈라졌을 때 비폭력주의자 그룹이 평화주의의 근대적 효시가 되었다. 그 전통에 속하는 대표적인 교단인 메노나이트파(Mennonites)는 오랜 기간 기독교 평화주의를 주도했으며, 20세기 후반 기독교 평화 담론이 활성화되면서는 평화운동의 새로운 중심으로 자리매김하고 있다. 또한 평화주의는 20세기 세계대전의 정신적, 물질적 충격에 대한 대안으로 본격적으로 대두되어 대표적인 반전론(反戰論)으로 평가되고 있다.[109]

정당 전쟁론(Just War Theory)

정당 전쟁론은 전쟁의 정당성을 주장하는 입장이다. 4세기 초 로마

제국의 콘스탄티누스 황제가 기독교를 합법 종교로 인정하면서 기독교와 국가권력이 결합한 '크리스텐덤(Christendom, 기독교 국가 체제)'이 시작되었다. 이에 따라 기독교는 군사적 힘으로 유지되고 전쟁이 다반사였던 로마제국을 위해서 전쟁의 정당성을 제시해야 했다. 정당 전쟁론은 "성서의 가르침에 기반하는 것이 아니라 전쟁을 수행하는 국가의 역할에 대한 기독교적 입장"이었다.[110]

히포의 주교 아우구스티누스(Aurelius Augustinus, 354~430)가 신학적 기틀을 짜고 토마스 아퀴나스(Thomas Aquinas, 1224~1274)가 체계화시킨 정당 전쟁론은 로마가톨릭교회와 개신교회의 주류 입장으로 자리 잡았다. 아우구스티누스는 이기적인 이유의 폭력 사용은 철저히 금지하는 반면, 곤경에 처한 이웃을 보호하기 위한 전쟁은 정당하다고 인정하였다. 토마스 아퀴나스는 '합법적 권력', '정당한 대의', '올바른 의도'를 정당 전쟁의 요구 조건으로 강조하며 정당 전쟁론을 체계화했다.[111]

이후 정당 전쟁론은 정치철학 사상과 결합하여 '전쟁 개시의 정당성(justice of war)'과 '전쟁 수행의 정당성(justice in war)'이라는 두 가지 원칙에 대한 논의를 중심으로 전개되고 있다.[112] 정당 전쟁론에 의하면 정당한 전쟁이란 전쟁 개시의 정당성 원칙과 전쟁 수행의 정당성 원칙을 지키는 전쟁이다. 전쟁 개시의 정당성은 전쟁 자체의 정당성을 의미하기 때문에 전쟁의 이유와 의도 등이 핵심적으로 논의된다. 전쟁 수행의 정당성에 대한 논의는 국가가 전쟁 수행 중에 행한 행동에 초점을 맞춘다.

4. 정의로운 평화(Just Peace)

1) 정의로운 평화의 배경

'정의로운 평화'는 핵무기 등 대량살상무기의 발명과 냉전 체제 이후 새로운 전쟁의 상황에 직면하여, 세계교회협의회(World Council of Churches, 이하 WCC)가 기존의 기독교 평화 전통인 평화주의와 정당 전쟁론 사이의 오랜 논쟁과 한계를 극복하고 새로운 대안으로 선언한 입장이다. 대량살상무기의 사용은 평화주의는 물론이고 정당 전쟁론의 기준에도 모두 위배되기 때문이다.

정의로운 평화의 두 축인 '정의'와 '평화'는 WCC가 창립된 1948년 이래로 에큐메니컬 운동의 지속적인 관심사였다. WCC는 1948년 암스테르담 총회 때부터 "전쟁은 하나님의 뜻에 반대된다"는 입장을 견지해 왔으며 그러한 입장은 역대 총회와 중앙위원회를 통해 다음과 같이 선언되었다.[113]

> 분쟁을 해결하는 수단으로서의 전쟁은 우리 주 예수 그리스도의 교훈과 모범에 부합하지 않는다. 현재 우리의 국제화된 삶에서 전쟁의 역할은 하나님에 반하는 죄이며 인간의 퇴보이다.(1948년 WCC 암스테르담 총회)

> 평화는 단순히 전쟁이 없는 상태가 아니다. 평화는 불의의 기초 위에 건설될 수 없다. 평화를 위해서는 모든 민족 간 그리고 모든 민족 내의 정의 그리고 하나님께서 주신 모든 사람의 인간성과 존엄에 대한 존중에 토대를 둔 새로운 국제질서가 필요하다...우리는 핵무기의 사용뿐만 아니라 생산과 배치가 인류에 대한 범죄이며 윤리적·신

학적 근거에서 그런 활동을 비난해야 한다고 교회가 분명하게 선언해야 할 때가 왔다고 믿는다.(1983년 WCC 벤쿠버 총회)

전쟁의 정신과 논리와 행위에 맞서 극복하고, 그리스도의 교훈-전쟁을 통해 평화로 이행하는 것이 아니라 정의의 요구를 통해 시작한다-에 부합하는 새로운 신학적 방법을 개발해야 할 필요성을 감안할 때 이제는 교회가 함께 군사력의 사용에 대한 모든 신학적 또는 다른 방식의 정당화를 포기하고 정의로운 평화를 추구하는 일에 헌신하는 코이노니아가 되라는 도전을 받아들여야 한다.(1994년 WCC 요하네스버그 총회 중앙위원회)

우리는 폭력의 정신, 논리, 행동을 극복하기 위해 함께 노력할 것이다. 우리는 가정, 교회, 사회뿐만 아니라 전 세계적 차원의 정치적, 사회적, 경제적 차원에서 정의와 평화와 화해의 대리자가 되기 위해 함께 힘쓸 것이다. 우리는 정의와 지속 가능한 공동체에 토대를 둔 평화의 문화를 건설하는 데 협력할 것이다. 평화를 향한 복음적 비전은 변화와 새로운 시작을 위한 희망의 근원이다.(1999년 WCC 하라레 총회 중앙위원회)

폭력에 관한 모든 신학적·윤리적 정당화를 중단하기 위해서는 적극적인 비폭력의 영성과 제자도에서 그 힘을 끌어내는 분별력이 요청된다. 우리는 공동으로 윤리적·신학적 숙고를 깊게 수행하고, 비폭력적 갈등 방지, 시민갈등 관리, 굳건한 평화 구축을 지지하는 일에 헌신해왔다. 비폭력의 실천은 자신의 연약성을 인정하고 무력한 자를 격려하고 힘을 부여하여 힘을 오용하는 사람들에게 맞설 수 있게 하며, 갈등 속에서도 하나님의 힘의 활동적인 임재를 신뢰하고, 폭력 상황에서 대안이 없어 보이는 상황을 초월할 수 있는 영성에 뿌리를 두어야 한다.(2006년 WCC 포르토 알레그레 총회)

2) 정의로운 평화

정의로운 평화는 WCC의 이러한 지속적인 관심과 입장이 2011년 자메이카 킹스턴 국제에큐메니컬평화회의에서 〈정의로운 평화에 대한 에큐메니컬 선언〉으로 명시되어 나타난 것이다.

> 평화 없이 정의가 가능할까? 정의 없이 평화가 가능할까? 흔히 우리는 평화를 포기하고 정의를 추구하거나 반대로 정의를 희생하고 평화를 추구한다. 평화를 정의와 분리시켜 생각하는 것은 "의와 화평이 서로 입맞춘다"(시 85:10)라는 희망을 포기하는 것이다. 정의와 평화가 없거나 서로 상반될 때 우리는 우리의 방식을 새롭게 바꾸어야 한다. … 성서는 정의를 평화와 분리할 수 없는 동반자라고 말씀한다.(사 32:17, 약 3:18) 정의와 평화는 인간 사회의 의롭고 지속 가능한 관계, 인간과 지구의 필수적인 연결, 창조세계의 '평강'과 통합을 나타낸다.[114]

정의로운 평화는 정의와 평화의 상호 의존적 관계를 나타내는 히브리어 샬롬의 의미에 기초하고 있다. 정의로운 평화는 '갈등과 전쟁이 없는 상태일 뿐만 아니라 하나님, 인류, 만물과의 모든 관계가 올바르게 설정되는 행복하고 조화로운 상태'를 가리키며 '온전함'을 의미하기 때문이다.

정의로운 평화는 평화주의와 정당 전쟁론의 한계를 모두 문제 제기하면서도 평화주의의 비폭력 저항을 중심적인 내용으로 삼고 있다. 정의로운 평화는 정당 전쟁론이 더 이상 평화의 실현에 적합하지 못하다고 판단한다.

> 비폭력 저항은 정의로운 평화의 길의 중심적인 내용이다. 우리는 조직적이고 평화로운 저항을 통해 정부의 억압과 학대나 취약한 공동체와 창조세계를 착취하는 사업 방식에 맞서 적극적이고, 끈질기며, 효과적으로 대응할 수 있다. 강자들의 힘은 시민과 군인, 더 나아가 소비자들의 복종과 순응에 의존한다는 것을 알기 때문에 비폭력 전략에는 시민불복종과 불순응 행위가 포함될 수 있다. 정의로운 평화의 길에 서면 무장폭력이나 전쟁을 정당화하는 것은 점차 타당하지 않고 받아들일 수 없게 된다.[115]

정의로운 평화는 전쟁 부재로서의 소극적 평화를 넘어서는 개념이다. 정의로운 평화는 구조적 폭력의 문제를 인식하고 인간 삶의 통전적인 평안과 맞닿아 있는 '인간안보' 개념을 포함함으로써 적극적 평화를 수용하고 있다.

> 전쟁을 비판하는 것만으로는 충분하지 않다. 우리는 모든 힘을 기울여 민족과 국가들 사이에 정의와 평화로운 협력을 촉진해야 한다. 정의로운 평화의 길은 '정당전쟁'(Just War)의 개념과는 근본적으로 다르며, 불의한 무력 사용으로부터 사람들을 보호하는 기준을 훨씬 넘어서는 개념이다. 이 개념은 무기를 사용하지 못하게 하는 것과 아울러 사회정의, 법의 지배, 인권 존중, 공동의 인간안보(human security)를 포함한다.[116]

정의로운 평화는 직접적 폭력과 구조적 폭력을 정당화하고 합법화하는 문화적 폭력의 존재를 인식하고 있다. 정의로운 평화는 이러한 문화적 폭력을 극복하기 위해 '평화문화' 조성과 '평화교육'의 중요성을 강조하고 있다.

> 우리는 타종교 전통과 신앙고백, 세계관을 지닌 사람들과의 협력을 통해 평화의 문화를 건설하기 위해 헌신하고 있다...우리는 종교의 외피를 쓰고 전파되고 대중매체의 힘에 의해 증폭되는 공격적인 언어 표현과 가르침을 특히 우려한다. 우리는 그리스도인이 중오를 불러일으키는 편견과 그 외의 태도를 드러내는 데 공모했음을 겸손히 인정하면서 화해, 용납, 사랑의 공동체를 만드는 데 헌신한다...평화교육은 평화의 정신을 키우고, 인권을 존중하는 의식을 불어넣고, 폭력에 대한 대안을 상상하고 채택하게 만든다.[117]

나오는 말: 평화를 원하거든 평화를 준비하자

성경은 예수의 탄생 자체가 평화라고 선포한다. 그 평화는 로마 황제들의 전쟁 억지력에 의한 '팍스 로마나'가 아니라 예수가 하나님 나라 운동을 통해 실현한 '팍스 크리스티'이다. '인간 삶의 통전적인 평안'을 뜻하는 샬롬으로서의 평화다. 예수는 산상수훈에서 "평화를 이루는 사람은 복이 있다"(마태복음서 5장 9절)고 말하며, '악한 사람에게 폭력적으로 대응하지 말고 비폭력적으로 저항하라'(마태복음서 5장 39절)고 가르친다. "평화를 원하거든 전쟁을 준비하라"가 아니라 "평화를 원하거든 평화를 준비하자"는 것이다.[118]

평화를 원하는가? 그렇다면 평화를 준비하자. 평화를 준비하기 위해서는 먼저, 평화권이 모든 사람이 누려야 할 인권임을 인정하고 자신과 타인의 평화권을 주장할 수 있어야 하며 평화의 의미를 명확히 알아야 한다. 그다음으로는, 우리가 처해 있는 상황을 인지하고 진단할 필요가 있겠다. 소극적 평화의 관점에서 현재 한국 안팎은 평화로운가? 한국은 현재 전쟁은 없지만 북한과 대치 상황이고 정전 상태이기 때문에 전쟁 발발 가능성을 배제할 수 없다. 잠정적이고 일시적인 소극적 평화 상태이다. 한국 바깥에서는 전면전은 아니지만 곳곳에서 국지전이 일어나고 있다. 소극적 평화마저 위협받는 나라가 있다. 적극적 평화의 측면에서는 어떠한가? 구조적 폭력과 문화적 폭력은 없는가? 한국의 경우, 사회적 양극화, 사회적 소수자 차별, 다르고 낯선 존재에 대한 혐오와 배제, 국가권력에 의한 폭력 등 사회 구조 전반에 폭력이 존재한다. 또한 종교, 이데올로기, 언어, 예술 등을 통해 직접적 폭력과 구조적 폭력을 정당화하고 합법화하는 문화적 폭력도 존재한다.

평화 준비는 특별한 사람만이 하는 일도 거창한 일도 아니다. 평화 문맹을 극복하고 평화감수성을 키우는 것도 평화를 준비하는 일이다. 평화감수성을 갖춘 '피스이스트(peaceist)'가 되는 것도 평화 준비의 하나다. 피스이스트란 평화를 뜻하는 '피스(peace)'와 사람을 의미하는 접미사 '-ist'를 합성하여 만든 용어로서, '평화를 이루는 사람'을 가리킨다. 피스이스트는 피스키퍼(peacekeeper), 피스메이커(peacemaker), 피스빌더(peacebuilder)를 모두 포함한다.[119]

평화를 원하거든 평화를 준비하자. 평화 문맹에서 벗어나자. 평화감수성을 키우자. 피스이스트가 되자.

생각 나누기

01 '평화'하면 연상되는 것은 무엇일까? 평화와 관련된 느낌, 이미지, 상징, 개념, 사회현상, 사건 등을 떠올려보고 그 이유를 말해 보자.

02 '평화주의'와 '정당 전쟁론'의 대안으로서 '정의로운 평화'가 강조하는 것은 무엇인지 논의해 보자.

03 피스이스트(peaceist)로서 할 수 있는 실천은 어떤 것이 있는지 이야기해 보자.

11장

계명인과 봉사

11장

계명인과 봉사

들어가는 말

봉사는 단순한 선행을 넘어, 사람과 공동체를 변화시키고 더 나은 세상을 만들어가는 중요한 실천이다. 봉사는 서로를 돕고 함께하는 과정을 통해 인간의 본성을 고양시키며, 사회적 연대와 사랑의 가치를 구체적으로 실현한다. 특히, 기독교적 봉사는 하나님의 사랑을 본받아 이웃을 섬기고 그들의 필요를 채우는 것을 통해 정의와 평화를 이루고자 한다.

계명대학교는 이러한 봉사의 정신을 설립 초기부터 교육과 실천의 중심에 두고 있다. 1899년 대구에서 시작된 선교사들의 헌신적 봉사는 지역사회를 변화시키는 계기가 되었으며, 이는 계명정신의 뿌리가 되었다. 현재까지 계명대학교는 이 전통을 이어받아 학생들에게 봉사의 가치를 가르치고, 이를 삶 속에서 실천하도록 독려하고 있다.

현대 사회는 빈곤, 불평등, 환경 문제와 같은 전 지구적 도전에 직면해 있다. 이러한 문제를 해결하기 위해서는 개인의 노력만이 아니라,

사회적 연대와 협력이 필수적이다. 봉사는 이 연대와 협력을 구체적으로 실천하는 강력한 방법이며, 대학생들에게는 세상 속에서 자신의 역할을 고민하고 실천할 기회를 제공한다.

계명대학교의 봉사정신은 단순히 사회를 돕는 데 그치지 않고, 학생들에게 자신을 돌아보고 성장하며 공동체적 가치를 재발견하도록 한다. 봉사는 대학생들이 미래의 지도자로서 개인적 성장과 사회적 책임을 조화롭게 성취하는 데 중요한 경험이 된다.

이 글은 계명정신과 봉사의 역사를 탐구하고, 학생들이 이를 바탕으로 봉사의 의미를 삶 속에서 실현할 수 있도록 돕는 데 목적을 둔다. 대학생활이 학문적 성취를 넘어 이웃과 사회에 긍정적인 변화를 가져오는 출발점이 되기를 기대한다. 봉사는 더 나은 미래를 여는 첫걸음이며, 이를 통해 계명정신은 지속적으로 확장될 것이다.

1. 봉사

봉사의 개념은 사회적 맥락과 학문적 관점에 따라 다르게 해석되었다. 봉사의 사전적 의미는 남의 뜻을 받들어 섬기고, 남을 위해 자신을 돌보지 않으며 헌신적으로 노력하는 것을 뜻한다. 이는 국가와 사회를 위해 헌신적으로 일하거나, 개인이나 공동체를 위해 자기 이익을 추구하지 않고 소외된 이들을 헌신적으로 돌보는 행위를 포함한다.

일반적 의미의 봉사는 타인이나 사회를 위해 자신의 시간과 노력을 제공하는 행위를 말한다. 이는 개인의 이익을 넘어 공동체의 복지와 발전을 도모하는 활동이라고 한다. 김태룡과 안희정은 봉사를 "국가의 부담을 경감시키는 기능을 하는 자발성과 무급성이 전제되는 활동"으로 설명하며, 이는 개인의 자발적 참여와 보상 없는 헌신을 강조한다.[120]

반면에 봉사는 자원봉사와 사회봉사의 관점에서 정의되기도 한다. 다양한 학자들의 정의에 따르면, 자원봉사와 사회봉사는 공통적으로 자발성, 무보수성, 공익성을 핵심 요소로 강조하고 있다. 정진경은 자원봉사의 외적 경계를 자발성, 무보수성, 공익성으로 설명하며, 자발성과 무보수성의 연속적 특성을 재해석하여 전통적 자원봉사활동, 규범적 자원봉사활동, 국가봉사활동을 포괄하는 통합적 개념을 제시하였다.[121] 반면에 송기영과 김욱진은 자원봉사활동의 지속성을 헌신도와 부착성으로 나누어 살피며, 부착성 개념에 초점을 맞추어 평생에 걸쳐 꾸준히 활동하는 자원봉사자의 특징을 분석하였다.[122]

이러한 정의들은 자원봉사와 사회봉사가 개인의 자발적인 참여를 기반으로 하며, 금전적 보상을 기대하지 않고, 사회적 공익을 추구하는 활동임을 강조하고 있다.

2. 성경적 섬김의 본질과 기독교 봉사의 가치

1) 섬김의 본질: 구약성경과 신약성경의 가르침

성경에서 섬김은 믿음과 사랑에 기반한 삶의 본질적 요소로 드러난다. 구약성경의 갈다, 일하다 뜻의 '아밧'은 사람을 상대로 할 때는 누구를 섬기다라는 의미를 갖는다.[123] 섬김은 하나님을 의식하며 살아가는 예배와 일상에서 그의 뜻을 따르는 삶을 뜻한다. 하나님을 섬기는 것은 이스라엘 백성의 핵심 사명이었으며, 불순종은 이방인의 종이 되는 결과를 초래했다(예레미야 5장 19절).[124]

신약성경에서는 '디아코네오'와 '둘류오'를 통해 섬김의 개념이 구체화된다. 디아코네오는 주로 돌봄과 봉사의 행위를, 둘류오는 헌신과 절대적 순종을 강조하며 즉 예수를 섬기는 관계를 표현한다(누가복음서 17장 8절; 로마서 12장 11절).

특히 예수는 섬김의 가장 완전한 본을 보였다. 제자들의 발을 씻기며 겸손한 섬김을 보여주셨고, 자신의 생명을 대속물로 내어주며 희생적 사랑을 완성하셨다(마가복음서 10장 45절; 요한복음서 13장 1-20절). 이는 단순한 사랑의 표현을 넘어, 하나님과의 관계를 회복시키고 인간을 구원하기 위한 섬김이었다.

2) 섬김의 가르침과 실천

성경은 섬김을 명예나 권력을 위한 것이 아닌, 겸손하고 희생적인 행위로 가르친다. 구약성경에서는 정의와 순종을 바탕으로 사회적 약자를 돌보는 삶을 강조했으며(신명기 10장 12절; 아모스 5장 21-24절), 신약성경에서는 예수의 섬김을 통해 진정한 사랑과 헌신을 배우도록 한다(누가복음서 17장 7-10절).

초기 교회는 이러한 섬김의 가르침을 실천하여 복음 전파와 구제 활동을 통해 공동체를 세우고 하나님의 사랑을 확장시켰다(사도행전 6장 4절; 로마서 12장 7절). 믿음은 섬김을 통해 나타나며, 하나님 나라의 가치는 섬김과 정의 실천을 통해 드러난다(갈라디아서 5장 13절).

3) 기독교 봉사와 일반 사회봉사의 차이

일반 사회봉사는 인본주의를 기반으로 사람들의 욕구를 충족시키고 자립을 돕는 데 중점을 둔다. 물질적, 정신적 안정과 구조적 문제 해결에 초점을 맞춘 체계적 접근이 주를 이룬다.

반면, 기독교 봉사는 하나님 나라를 이루는 데 목적을 두며, 영적 구원과 공동체 형성을 지향한다. 예수의 사랑을 실천하는 섬김으로, 물질적 지원을 넘어 전인적이고 영적인 풍요로움을 나누는 것을 강조한다. 이를 통해 수혜자들이 존중받으며 하나님 안에서 충만한 삶을 누리도록 돕는다.

섬김은 단순한 행동을 넘어 믿음과 사랑의 실천이다. 하나님께 순종하며 이웃을 사랑하는 섬김은, 하나님 나라의 가치를 실현하는 핵심이며, 이를 통해 개인과 공동체는 변화와 성장을 경험한다.

4) 기독교 봉사의 특성들

아래의 특성들은 기독교 봉사가 단순한 도움을 넘어, 하나님 사랑과 이웃 사랑의 가르침을 구체적으로 실천하는 행위임을 보여준다.

자발성

봉사는 강요가 아닌 순수한 동기에서 나오는 행동으로, 하나님과 이웃을 향한 사랑에서 비롯된다. 예수는 제자들의 발을 씻기고 자신의 생명을 내어주는 희생적 섬김으로 자발성의 본을 보였다. 초대교회의 성도들 역시 자발적으로 이웃과 재산을 나누며 공동체를 섬겼다. 자발적인 봉사는 참여자와 수혜자 모두에게 깊은 감동과 보람을 준다.

이타성

봉사는 개인의 이익을 초월하여 타인의 필요를 채우려는 행동이다. 예수는 이타적인 사랑으로 자신을 희생하며 섬김의 모범을 보였다. 초대교회는 공동체적 필요를 우선하며 가난한 자를 돌봤고, 이는 현대 사회에서도 지속적인 사회적 가치를 창출하는 봉사의 본질로 이어진다.

공동체성

봉사는 개인의 이익이 아닌 공동체의 안녕을 목표로 하며, 어려움에 처한 이웃의 필요를 채우는 책임 있는 행위다. 기독교 봉사는 예수의 희생을 본받아 사랑과 연대를 실천하고, 이를 통해 지역사회와 교회의 공동체성을 강화한다.

지속성

봉사는 단기적 활동에 그치지 않고 지속적이고 체계적으로 이루어져야 한다. 이는 봉사의 신뢰성과 효과를 높이며, 사회적 책임으로 자리잡게 한다. 지속적인 봉사는 사회 문제의 구조적 해결과 공동체의 안정적 변화를 이끈다.

비영리성

봉사는 금전적 보상을 기대하지 않는 순수한 활동으로, 정신적 보람과 유대감을 기반으로 한다. 현실적으로 최소한의 경비 보상이 수반될 수 있으나, 봉사의 근본 목적은 헌신과 나눔에 있다.

개척성

봉사는 사회적 과제를 발굴하고 새로운 해결책을 제시하는 창의적 역할을 한다. 이는 소외된 계층의 권리를 대변하며, 환경보호와 같은 글로벌 문제를 공론화해 사회적 변화를 주도한다.

학습성

봉사는 지식과 경험을 통해 참여자의 성장을 돕는다. 활동 과정에서 봉사의 방법과 의미를 배우며, 기독교 봉사는 이를 통해 하나님의 사랑과 섬김을 실천하도록 한다. 봉사는 개인의 신앙 강화와 더불어 사회적 긍정 변화를 이끄는 학습적 도구가 된다.

감수성

봉사는 단순한 동정을 넘어, 상대의 어려움을 이해하고 문제를 해결하려는 실질적 행동을 포함한다. 감수성은 공감에서 나아가 행동으로 이어지는 의지와 실천을 요구한다.

이 모든 특성은 봉사가 단순한 선행을 넘어, 인간의 존엄성과 공동체적 가치를 실현하는 데 기여하도록 한다.

3. 계명정신에 기반한 기독교 봉사

1) 섬김과 자원봉사

기독교적 섬김은 자발성과 진정성을 바탕으로 이루어지며, 단순히 감정적 공감을 넘어 실질적이고 구체적인 봉사 행위를 포함한다. 자원봉사는 인간다움과 연대를 실천하는 활동으로, 사회복지의 기초를 이루며 박애적 휴머니즘의 가치를 실현한다. 산업화와 함께 체계적이고 조직화된 봉사의 형태로 발전했으며, 교회와 사회에서 사회구조를 개선하고 선교적 봉사로 확장되어 왔다. 이는 정의와 사랑을 실천하며 하나님의 나라를 이루는 데 기여한다.

2) 기독교 봉사의 정신과 실천

기독교 봉사는 이웃 사랑의 적극적 실천을 통해 나타나며, 예수의 삶과 가르침에 그 본질이 있다. 이는 도움이 필요한 자들을 섬기고, 그들의 필요를 채우며 삶의 중요한 가치를 구현하는 행위이다. 봉사는 단순한 자선이 아니라, 돌봄과 복지, 교육 및 사회구조 개선을 통해 하나님의 은혜를 체험하게 하는 도구가 된다. 교회는 이를 통해 복음의 사회적 역할을 확대하며, 타인을 향한 책임과 사랑을 구체화한다.

3) 기독교 봉사의 영역

- 치유와 회복의 봉사: 병자, 가난한 자, 소외된 이들을 돕는 행위로, 예수의 사역을 계승하며 절망 속에 있는 이들에게 희망을 준다.
- 사회복지적 봉사: 어린이집, 노인 돌봄센터, 무료급식소 등에서 이루어지는 활동으로, 단기적 구호를 넘어 지속적이고 통합적인 복지서비스로 확장된다.
- 교육 봉사: 개인의 성장과 자립을 돕기 위한 다양한 프로그램과 상담을 통해 인간의 역량을 강화하며, 균형 잡힌 삶을 지원한다.
- 국제개발 협력: 개발도상국의 자립과 지속 가능성을 지원하며, 교육, 보건, 환경 개선 등 다양한 분야에서 지역사회와 협력하여 글로벌 정의와 평화를 추구한다.

4) 사회구조적 사랑과 책임

기독교 봉사는 사회구조의 개선을 목표로 하며, 정의를 실현하는 행동으로 나타난다. 이는 국제 협력과 지역사회 연대를 통해 소외된 이들에게 희망을 주고 지속 가능한 변화를 이끌어 낸다. 계명대학교는 이러한 봉사정신을 통해 글로벌 문제 해결에 기여하며, 하나님의 사랑을 사회 속에서 구현한다.

4. 계명대학교의 봉사

1) 의료 선교 봉사

'무의촌 진료전도봉사대' 활동에서 글로벌 의료 봉사로

계명대학교 동산의료원은 126년의 역사를 가진 의료기관으로, '제중원'이라는 서구식 진료소를 시작으로 국내외에서 의료 선교와 봉사 활동을 펼쳐왔다. 설립 초기부터 의료를 통해 복음과 사랑을 전했던 동산의료원은 1921년 전 직원 급여 1%로 조직된 '병원전도회'를 통해 외래 환자와 입원 환자들에게 복음을 전하며 무료 진료를 제공했다. 특히 농촌 지역을 순회하며 열악한 의료 환경 속에서도 진료와 복음 활동을 이어갔고, 한국전쟁 당시에는 경북 지역의 무의촌과 고아원에서 의료 봉사를 지속했다.

1981년 계명대학교와 통합된 이후, 동산의료원은 '무의촌 진료전도봉사대'로 활동을 이어가며 지역민의 건강 증진과 지역 사회 발전에 기여했다. 1989년 국내 의료보험 제도의 도입으로 무의촌이 감소하자, 활동 영역을 국외로 확장했다. 동산의료원은 1995년 카자흐스탄 알마티시에 '알마티동산진료소'를 개소하며 본격적인 국외 의료 선교를 시작했다. 진료소는 1999년 '알마티동산병원'으로 승격되었고, 2009년에는 대구시와 함께 '알마티 의료서비스센터'를 설립해 원격 의료 시스템을 구축했다. 이를 통해 카자흐스탄과 중앙아시아 지역에 한국의 선진 의료 수준을 알리고, 현지 환자들에게 지속적인 의료 서비스를 제공했다.

동산의료원은 2002년 한·중 수교 10주년을 기념해 중국 선천성 심장병 어린이 10명을 무료로 수술하며 '희망 공정 사업'에 참여했다. 이 사업은 중국 어린이들에게 생명을 주는 동시에 한·중 관계 증진에도 기여했다. 2016년에는 필리핀 발렌시아시에서 백내장 환자 3명을 무료로 수술하여 시력을 되찾아주며 계명대학교의 정신인 '세계를 향해 빛을 여는 대학'을 실천했다.

네팔에서는 피부 질환 환자를 위한 '동산특수진료소'를 설립해 한센병과 전염병 치료에 힘썼으며, 중국 연변과 북한에서도 수술, 진료, 음악 봉사를 통해 사랑을 전했다. 또한, 필리핀에서는 쓰레기 속에서 살아가는 어린이들을 돕기 위해 교회를 건립하며 봉사 영역을 확대했다.

동산의료원은 긴급 재난 구호에도 앞장서왔다. 파키스탄, 필리핀, 중국의 지진 현장과 2010년 아이티 대지진 때도 의료진을 파견하며 글로벌 봉사를 이어갔다. 최근에는 국외 한인을 위한 맞춤형 의료 관광 서비스를 활성화하여 글로벌 병원으로 자리 잡아가고 있다.

코로나19 방역 최전선에 서다

계명대 대구동산병원은 기독교 정신에 기반하여 시민들을 위한 헌신적 봉사를 실천해왔다. 코로나19 팬데믹 당시 국내 첫 감염병 전담병원으로 지정된 대구동산병원은 불과 하루 만에 병원 전체를 코로나19 환자 치료 공간으로 전환하며 신속히 대응했다. 병원은 4개월 동안 1,048명의 환자를 치료하며 대구 지역 코로나 방역의 최전선에서 핵심적 역할을 수행했다. 특히, 조치흠 병원장과 의료진은 감염병 관리 체계를 확립하고, 환자 치료 및 의료 자원 활용에 관한 경험을 세계보건기구(WHO)에 논문으로 발표하며 한국 방역의 우수성을 알렸다. 또한, 병원은 감염관리와 의료 감시체계에 꾸준히 참여하여 수술 부위 감시 부문 공로상을 수상하는 등 시민들의 건강을 지키는 데 앞장섰다. 이러한 활동은 단순히 의료 서비스 제공을 넘어, 기독교적 사랑과 봉사의 실천으로 지역 사회에 희망을 전한 모범 사례로 평가받고 있다. 이처럼 동산의료원은 국내외에서 의료 선교와 봉사를 통해 사랑을 실천하며, 계명대학교의 창립 정신을 이어받아 전 세계로 인술과 나눔의 가치를 확장해 나가고 있다.

2) 다양한 봉사 활동

계명대학교는 설립 초기부터 다양한 봉사 활동을 통해 기독교적 사랑과 나눔을 실천해왔다. 1956년 여름, 학생들이 방학을 이용해 농어민 계몽과 기독교 전도에 나섰던 활동이 최초의 대외 봉사 활동이었다. 이후 학생회 중심으로 농촌 봉사(농활)와 불우 청소년 교육 봉사 등이 전개되었으며, 동아리 활동 역시 설립 초기부터 성경 공부와 전도, 봉사를 목적으로 이루어졌다.

학생 봉사 활동의 발전

1970년대에는 새마을 운동과 맞물려 농촌 봉사 활동이 활발히 진행되었다. 학생들은 교내외 환경 정화, 범어천 정비, 성서캠퍼스 지역 모내기와 같은 활동에 참여했다. 농활은 근로, 의료, 교육 봉사로 나뉘어 여름방학 동안 경북 지역 농촌에서 집중적으로 이루어졌고, 1990년대에는 재해 지역 봉사와 대형 행사 자원봉사로 확대되었다. 2000년대 들어, 봉사 활동에 학점을 부여하는 제도가 도입되면서 학생들의 참여가 더욱 활성화되었고, 다양한 기관에서 봉사하며 실질적 경험을 쌓을 수 있었다.

교직원과 계명부인회의 봉사

교직원들은 학생들과 함께 농촌의 벼 베기, 수해 복구 등의 봉사에 참여하며 자연재해 구호에도 앞장섰다. 1960년에 발족한 계명부인회는 교직원 부인과 여성 교직원 중심으로 학교와 지역 사회를 위한 다양한 봉사를 진행했다. 계명부인장학회는 장학금을 조성해 1996년부터 2014년까지 약 3,200만 원을 기부하며 학생들을 지원했으며, 알뜰 바자회와 합창단 활동 등을 통해 학교와 지역 사회에 기여했다.

동산도서관의 봉사

1999년부터 지역 사회에 도서관을 개방한 동산도서관은 다양한 멘토링 활동과 독서 지원을 통해 지역 주민과 학교, 복지관 등에 도움을 제공했다. 도서 정리, 서가 이동, 자료실 개선 등 실질적인 지원을 통해 지역 도서관의 발전을 도왔다. 이 외에도 도서관 방문이 어려운 이들을 위한 '책나래 서비스'로 우수 운영 기관으로 선정되며, 사회적 책임을 다했다.

국외 봉사 활동

계명대학교의 국외 봉사는 2002년 한·중 수교 10주년 기념 황사 방지 조림 활동으로 시작되었다. 중국 북경 인근에서 나무를 심어 황사를 줄이고 사막화를 방지하는 활동은 전 세계적으로 확산되었다. 이후 국외 봉사단은 아시아 개발도상국 10개국에서 교육 환경 개선, 위생 시설 신축, 물자 지원, 한국 전통문화 교육 등의 봉사를 펼쳤다.

계명대학교는 2024년 국외봉사단을 통해 인도네시아, 에티오피아, 베트남 등에서 봉사와 민간외교를 실천하며 새로운 지평을 열었다. 총 180명의 봉사단원들은 도서관 신축, 교육환경 개선, 문화공연 등을 통해 현지 주민들과 교류하며 봉사의 의미를 확장했다. 에티오피아에서는 참전용사 후손들과 함께 봉사하며 한국전쟁의 역사를 되새기고 감사의 마음을 전했으며, 베트남에서는 태권도와 부채춤 공연으로 한국 문화를 알렸다. 이러한 활동은 지난 22년간 네팔, 라오스, 몽골, 미얀마, 방글라데시, 에티오피아, 우즈베키스탄, 캄보디아, 키르기스스탄 등 전 세계 개발도상국 17개국에서 117차례에 걸쳐 4,000여 명이 참가해 국외 봉사활동을 펼쳐왔다. 학생들에게 성장과 깨달음의 기회를 제공했으며, 교직원들의 기부로 운영되는 독특한 지원 방식은 계명대 봉사단의 차별성을 보여준다.

3) 국외 코리아센터 운영과 한국어·한국문화 홍보

계명대학교는 한국어와 한국 문화의 세계적 보급에 앞장서며 정부의 한국어 보급 사업에 적극 참여하고 있다. 이를 통해 계명대학교의 위상을 높이는 동시에 우수한 국외 인재를 유치하고 유학생 증가에 기여하고 있다. 이는 단순한 교육을 넘어 재능 기부 봉사의 차원에서도 큰 의미를 갖는다.

국외 코리아센터 운영

계명대학교는 2008년부터 5개국 6개소에 계명코리아센터를 설치·운영하며, 언어, 문화, 사회, 예술 등 한국과 관련된 전반적인 내용을 소개하고 있다. 각 센터는 한국어능력시험(TOPIK) 대비 교육, 한국문화 수업, 자료 제공, 장학금 지급 등을 통해 현지 학생들의 한국어 학습을 지원하고 있다. 특히, 우즈베키스탄 동방학연구소의 '한국학센터'는 유네스코 세계 문화유산으로 지정된 자료들과 한국 고대사 자료를 보유하며, 계명대학교가 연구와 교육을 위해 한국학 관련 서적을 기증하는 등 큰 역할을 하고 있다.

또한, 에티오피아 아다마과학기술대학에는 '계명라운지'를 설치해

새마을 운동과 연계한 봉사 활동과 학술 교류를 추진하며, 사회 공헌 사업을 확대하고 있다. 이는 6.25 전쟁 당시 에티오피아의 도움에 대한 감사와 상생 협력의 의미를 담고 있다.

한국어 및 한국문화 프로그램 운영

계명대학교는 국외 대학들과 협력해 다양한 한국어·한국문화 프로그램을 운영하고 있다. 베트남 타이응우옌대학교에는 '계명타이응우옌 한국어·문화 프로그램'을, 일본 모모야마학원대학교에는 '한국어 강좌'를 개설하며 지역적 특성에 맞는 교육을 제공하고 있다.

매년 한글날에는 외국인 유학생을 대상으로 한글 퀴즈 대회를 열어 한글의 우수성을 알리고, 몽골과 타지키스탄에서는 한글 백일장을 통해 현지인의 한국어 학습을 독려했다. 특히, 베트남 타이응우옌대학교에서 개최한 한글날 행사에서는 한복, 한식, K-Pop 등 한국 문화를 체험할 수 있는 다채로운 프로그램이 진행되며 현지의 뜨거운 관심을 받았다.

한국문화 체험 캠프와 태권도 센터

계명대학교 국제교육센터는 매년 여름 '한국어 및 한국문화 연수 캠프'를 통해 전 세계 학생들에게 수준별 한국어 교육과 전통 공예, 사물놀이, 태권도 등의 체험 기회를 제공한다. 캠프 참가자들은 한국 문화를 직접 경험하며 한국에 대한 이해를 깊이 넓히고 있다.

또한, 태권도 센터는 2011년 세계태권도선수권대회에 참가한 베트남, 벨기에, 아프리카 대표팀의 전지훈련 장소로 활용되며, 선수들에게 최적의 훈련 환경을 제공했다. 이는 계명대학교의 우수한 체육 인프라와 교육 역량을 보여주는 사례로, 세계인들과의 교류를 확대하는 데 기여하고 있다.

4) 사단법인 계명 1% 사랑 나누기와 계명 카리타스(Keimyung Caritas)

카리타스(Caritas)는 ‘사랑’, ‘자선’, ‘나눔’을 뜻하며, 그리스어 아가페(Agape)를 라틴어로 번역한 말이다. 영어로는 채리티(Charity)로 표현되며, 본래 예수의 십자가에서 드러난 인간에 대한 신의 사랑과 이에 대한 응답으로 인간이 신과 이웃에게 보이는 사랑을 의미한다.

이 개념은 점차 확장되어, 가난하고 고통받으며 소외된 이들을 돕는 구호 활동이나 자선 단체의 이름으로도 사용된다. 계명대학교의 ‘계명 카리타스’는 이러한 정신을 실천하기 위해 설립된 연합체로, 계명대학교, 동산의료원, 계명문화대학교에서 각각 운영되고 있는 ‘사단법인 계명 1% 사랑 나누기’의 통합된 이름이다.

이 연합체는 구성원들의 작은 나눔을 모아 지역 사회와 소외된 이웃을 돕고 있으며, 사랑과 섬김의 가치를 실천하는 계명 공동체의 대표적인 활동으로 자리 잡고 있다.

사단법인 계명 1% 사랑 나누기

계명 1% 사랑 나누기는 계명대학교가 2004년 발족한 봉사 연합체로, 교수와 직원들이 급여의 1%를 기부해 지역사회와 세계를 위한 봉사를 조직적으로 수행하기 위해 시작되었다. 이 운동은 1921년 동산의료원의 ‘병원 전도회’에서 비롯된 전통을 계승해, 봉사를 체계적이고 지속적으로 확대하고자 하는 비전을 담고 있다.

이 운동의 핵심은 급여의 1%를 기부해 구제, 의료, 교육, 환경 등 도움이 필요한 곳에 사용될 기금을 조성하는 것이다. 이를 통해 일시적이고 산발적인 기부를 체계적이고 지속적인 봉사로 전환하며, 새로운 기부 문화를 정착시키고자 했다.

2005년 사단법인으로 등록된 계명 1% 사랑 나누기는 기금 운영을 투명하게 관리하며, 열악한 환경의 주거, 의료, 교육 개선을 목표로 봉사 활동을 체계화했다. 2021년 기준, 계명대학교 전임 교원 99.2%와 전 직원이 참여해 조직적이고 상시적인 봉사 시스템을 구축했다. 이는 국내외 다른 조직에서도 찾아보기 어려운 독특한 기부 문화로, 계명대학교의 선구적 나눔 정신을 보여준다.

2012년 인문대학 학생회를 중심으로 일부 학생들이 용돈과 아르바이트 수익, 장학금의 1%를 기부하며 운동에 동참했다. 이들은 '책 나누기' 행사를 통해 모은 수익금과 함께 250만 원을 인근 복지관에 기부해 지적 장애인의 생활비와 시설 개선에 사용하도록 했다. 이는 학생들에게도 봉사의 중요성을 알리고, 나눔 문화 확산의 초석이 되었다.

계명 카리타스 봉사 센터 설립

계명대학교는 사단법인 계명 1% 사랑 나누기를 통해 설립 초기부터 구제, 의료, 교육, 환경 등 다양한 분야에서 봉사 활동을 꾸준히 실천해왔다. 특히, 매년 11월 추수감사절 예배 후 열리는 '계명 가족 김장하는 날'은 많은 교직원과 학생들이 참여하는 대표적인 나눔 행사로 자리 잡았다. 이외에도 저소득층 및 장애인 지원, 외국인 유학생 생활 지원, 다문화 및 결손 가정 돕기, 동·하계 학생 국외 환경 및 교육 봉사 지원, 각종 재난 지역 복구와 난치병 학생 돕기 등 다양한 사회적 환원 활동을 지속적으로 펼치고 있다.

2011년에는 일본 대지진과 쓰나미 피해자 지원을 위해 5천만 원을 전달했으며, 같은 해 연평도 폭격 피해자들을 위해 1천만 원의 성금을 지원했다. 이러한 활동들은 2015년 3월 총장 직속 기구로 설립된 계명 카리타스 봉사 센터를 통해 더욱 체계적으로 운영되고 있다.

주요 활동 프로그램은 다음과 같다.

● 1% 사랑 나눔 활동 프로그램

2006년부터 매년 실시되고 있는 '계명 1% 사랑 나눔 활동 프로그램 공모'는 전 구성원들이 봉사에 참여할 수 있는 기회를 제공한다. 초기에는 10개 단체가 선정되었으나 현재는 매년 약 30개 단체로 확대되었다. 교수·직원·학생이 함께 참여해 외국인 근로자 체육대회 후원, 탈북자 정착 지원, 조선족 가족 기능 강화, 야간 학교 운영 등 다양한 봉사 활동을 수행하며, 교내외 봉사 문화를 확산시키고 있다.

● KISS 장학 프로그램

1994년부터 시행된 KISS(Keimyung International Sarang Scholarship) 장학 프로그램은 저개발 및 개발도상국의 우수 인재를 초청해 학위 과정에 유학하도록 지원하는 제도다. 연간 약 10명을 선발하며, 등록금과 기숙사비는 물론 생활비까지 지원한다. 이 프로그램은 대한민국 정부 초청 외국인 학부 장학생 프로그램과 연계되어 국가 간 교류 기반을 조성하고 있다. 또한 국외 코리아센터에 교육 기자재 및 환경 개선 기부금을 전달하며, 글로벌 나눔을 실천하고 있다.

● 계명 카리타스 멘토링 프로그램

2010년부터 시작된 계명 카리타스 멘토링 프로그램은 대학생 멘토와 지역 청소년 멘티가 함께하는 교육 봉사 활동이다. 계명대학교는 학업 및 진로 멘토링, 계명문화대학교는 직업 멘토링, 동산의료원은 의료 멘토링을 담당해 취약 계층 청소년들에게 실질적인 도움을 제공하고 있다.

● 계명 카리타스 힐링 프로그램

2010년 도입된 계명 카리타스 힐링(Keimyung Caritas Healing)은 가정 형편이 어려운 대상자들에게 수술비를 지원하는 프로그램이다. 최대 1

천만 원까지 지원하며, 구성원들의 추천을 통해 선정된 대상자들에게 실질적인 도움을 제공한다.

- **교육 기부 활동과 공로**

계명대학교는 다문화 및 탈북 학생 멘토링 지원, 청소년 교육 지원, 숨은 봉사 동아리 발굴 등 다양한 교육 기부 활동을 통해 2019년과 2022년에 '대한민국 교육 기부 대상'을 두 번 수상했다. 이러한 공로는 학생들의 전인적 성장과 인성 교육 증진에 기여하며, 교육 기부 문화 확산에도 이바지하고 있다.

계명대학교는 이처럼 체계적인 봉사 활동과 나눔을 통해 지역사회와 세계를 향한 지속적인 기여를 실현하며, 더불어 살아가는 사회를 만들기 위해 노력하고 있다.

나오는 말

봉사는 사랑을 행동으로 보여주는 방식이다. 단순히 좋은 일을 하는 것을 넘어, 사람과 공동체의 가치를 높이고 세상을 더 나은 곳으로 만드는 중요한 행동이다. 기독교 정신은 이런 봉사의 의미를 더 깊게 하며, 하나님이 주신 사랑을 이웃과 나누고 실천하라고 가르친다. 이는 계명대학교 설립정신인 "진리와 정의와 사랑의 나라를 위하여"라는 창학 이념과도 일치한다.

1899년 대구에서 선교사들의 헌신으로 시작된 계명대학교는 기독교적 사랑과 봉사를 통해 지역사회를 변화시키는 데 앞장섰다. 이 전통은 지금도 이어져 계명인의 봉사정신에 깊이 뿌리내렸다. 계명대학교는 학생들에게 봉사의 중요성을 가르치고, 이를 실천할 기회를 제공하며, 개인의 성장과 사회적 책임을 동시에 추구하는 사람으로 성장하도록 돕고 있다.

계명대학교는 '사단법인 계명 1% 사랑 나누기'와 같은 체계적인 봉사활동을 통해 이런 시대적 과제에 적극적으로 응답하고 나눔과 사랑을 지역과 세계로 확장하며 공동체를 변화시키는 데 기여하고 있다.

특히, 봉사는 단순한 책임감을 넘어 하나님의 사랑을 실천하는 신앙적 행위다. 예수가 제자들의 발을 씻기며 보여준 겸손한 섬김은 계명대학교 봉사정신의 핵심이다. 이런 섬김을 바탕으로 계명대학교는 단순히 학문을 가르치는 곳이 아니라, '섬김과 나눔을 실천하는 공동체'로 자리 잡았다.

결국, 계명대학교의 봉사는 기독교 정신과 설립 정신을 실제로 실현하는 행동이다. 지역 사회와 세계를 섬기고 이웃 사랑을 실천하며, 하나님의 나라를 이 땅에 구현하는 데 기여하고 있으며, 계명인은 봉사를 통해 자신과 이웃을 변화시키고, 진리와 사랑으로 더 나은 미래를 만들어 간다.

생각 나누기

01 현대 사회의 복잡한 문제(빈곤, 불평등, 환경문제 등) 속에서 봉사가 개인과 공동체에 어떤 변화를 가져올 수 있는지 나눠보자.

02 예수가 제자들의 발을 씻기며 보여준 섬김의 본은 계명대학교의 봉사 정신에 어떤 영향을 미쳤는지 나눠보자.

03 '사단법인 계명 1% 사랑 나누기'와 같은 체계적인 봉사활동이 지역사회와 세계에 미치는 구체적인 효과는 무엇인지 알아보자.

12장

계명인과 리더십

12장

계명인과 리더십

들어가는 말

계명대학교는 단순히 지식 전달을 넘어 "사랑을 실천하는 전인적 지도자 배출"이라는 교육목표 아래, 섬김의 리더로 성장하도록 돕는 전인교육을 시행하고 있다. 개척정신, 학문의 탁월성 추구, 그리고 봉사 정신을 갖춘 리더를 양성하는 데 교육의 중점을 두고 있다. 이를 통해 새로운 길을 개척하고 끊임없이 도전하며, 자신의 분야에서 전문성을 갖추어 지역과 세계에 기여하도록 한다.

1. 계명 정신과 리더십

계명대학교의 교육목표에 명시된 '사랑을 실천하는 전인적 지도자'란 섬김의 리더를 의미한다. 사랑과 봉사 정신을 바탕으로, 자신을 낮추고 타인을 먼저 생각하며 공동체를 이끌어가는 사람을 말한다. 자신의 이익만을 추구하는 리더가 아니라, 공동체와 구성원을 위해 헌신하는 리더이다.

계명대학교의 설립 정신인 기독교 정신은 섬김의 리더십을 중요한 가치로 삼고 있다. 성경에서 예수는 섬김의 리더의 모범을 보여주었다. 바울은 예수에 대해 "자기를 비워 종의 형체를 가지사 사람들과 같이 되셨고"(빌립보서 2장 7절)라고 말하며, 예수는 "나는 섬김을 받으러 온 것이 아니라 섬기러 왔다"라고 선언하였다(마태복음서 20장 28절). 예수의 삶은 섬김의 정신을 그대로 보여주었으며, 그는 십자가에서 자신의 생명을 희생함으로써 이 섬김의 정신을 완성하였다.

계명대학교의 기초를 놓았던 계명대학교의 설립자 안두화(1895~1965), 초대학장 감부열(1890~1977), 명예총장 신태식(1909~2004) 등은 모두 섬김의 리더로서, 기독교 정신인 사랑을 바탕으로 계명대학교를 위해 헌신적으로 봉사하며 이끌었다. 이들은 '섬김의 리더십'을 실천하며 계명대학교를 성장시키고, 계명인이 나아갈 방향을 제시하였다. 섬김의 리더는 단순히 리더의 자리를 차지하고 위에서 지시를 내리는 사람이 아니다. 오히려 구성원의 성장을 도와 공동체 구축을 위해 헌신하는 사람이다.

2. 시대 변화와 리더십

리더십이라는 말은 '지도자(leader)'와 '배(ship)'를 결합한 것으로 '배를 이끄는 사람'을 의미한다. 이러한 어원과 의미를 가진 리더십은 시대의 요구에 따라 변화되었다.[125]

1차 산업혁명과 리더의 역량

18세기 중반부터 19세기 초반까지 일어난 1차 산업 혁명은 증기기관을 기반으로 한 기계화 혁명이며 제조업의 변화를 가져왔다. 1차 산업혁명 시대에 필요한 리더는 관리자이다. 관리자의 역량은 공장 시스템 관리와 노동자 관리가 중요한 과제이며 주어진 업무를 잘 수행하는 것이다.

2차 산업혁명과 리더의 역량

19세기 후반부터 20세기 초반까지 발생한 2차 산업혁명은 전기가 발명되면서 시작되었다. 이 시기는 대량생산이 본격화되었다. 전기에너지를 기반으로 한 대량생산과 대규모 조직관리가 혁명적이었다. 이때 리더의 역량은 대규모 조직관리와 과학적 기법을 활용하여 생산성을 극대화하는 것이다.

3차 산업혁명과 리더의 역량

3차 산업혁명은 공장 자동화로 인한 생산성 혁명을 이루어 낸 시기이다. 3차 산업혁명의 키워드는 컴퓨터와 인터넷의 발명이다. 특히 이 시기는 반도체 기술의 발달과 인터넷의 대중화가 진행되었다. 따라서 이 시기는 새로운 지식을 누구나 생산하고 공유할 수 있는 정보화 시대이다. 3차 산업혁명으로 제조업에서 지식 정보화 시대로 전환되었다. 3차 산업혁명 시대의 리더 역량은 관리자에서 리더십으로 전환된다.

4차 산업혁명과 리더의 역량

4차 산업혁명은 인공지능이 발명되면서 시작되었다. 4차 산업혁명은 이전 산업혁명과는 달리 더 광범위하게 빠른 속도로 세상을 변화시키고 있다. 4차 산업혁명은 이전의 산업혁명과는 완전히 다른 차원의 변화이다. 4차 산업혁명의 특징은 인공지능을 통한 초지능과 사물인터넷을 통한 초연결이다.

인공지능 시대, 우리가 던져야 할 질문들

우리가 살아갈 시간은 4차 산업혁명의 시대이다. 과학 기술의 발달은 일부 직업을 사라지게 만들기도 한다. 새로운 시대는 기존의 직종을 사라지게 하고, 새로운 직업을 만들어 낼 것이다. 인공지능이 완성되는 시기에는 미국에서 현재 있는 직업의 47%가 인공지능으로 대체될 것이다. 아시아 권역에서는 직업의 60%가 인공지능으로 대체될 것이다.

우리는 2016년 봄 충격적인 사건을 경험하였다. 그것은 구글 딥마인드사의 바둑 인공지능 알파고(AlphaGo)와 프로 이세돌 9단과의 바둑대국이다. 총 다섯 번의 대국에서 4대 1의 알파고 완승이었다. 이처럼 우리가 살아갈 시간은 이제 인공지능의 시대이다. 인공지능은 세 가지 범주로 구분할 수 있다. 인공지능의 발전 추세로 볼 때, 인공지능의 구분은 약인공지능(ANI, Artificial Narrow Intelligence), 일반인공지능(AGI, Artificial Strong or General Intelligence), 슈퍼 인공지능(ASI, Artificial Super or Ultra Intelligence)이다.

약인공지능은 한 가지 일을 수행하는 것이다. 일반인공지능은 범용인공지능을 갖고 있다. 범용인공지능은 주어진 상황에 사람과 유사한 방식으로 생각하고 수행할 수 있다. 초인공지능은 인간보다 1,000배 이상 높은 지능을 갖고 있다.[126] 이처럼 거대한 변화의 모습은 결코 단순하지 않다. 이제 새로운 변화의 바람은 거부할 수 없다. 우리가 살아갈 시대에는 인간보다 더 뛰어난 인공지능과 함께 살아가야 한다. '내가 인공지능 시대에 잘 살 방법이 무엇일까? 인공지능 시대에 내가 할 수 있는 일은 무엇일까? 나의 독특성과 개발해야 할 것은 무엇일까?' 우리는 이와 같은 질문을 자신에게 하고, 그 질문에 대답하기 위해 고민을 해야 한다.

다니엘 핑크(Daniel Pink)는 새로운 시대에 필요한 재능을 '미래 인재의 여섯 가지 조건'이라고 명명했다. 새로운 시대가 요구하는 재능은 디

자인, 이야기, 조화, 공감, 놀이, 의미의 6가지이다.[127]

---

① 기능만으로는 안 된다 | **디자인으로 승리해야 한다**

② 단순한 주장만으로는 안 된다 | **이야기를 겸비해야 한다**

③ 집중만으로는 안 된다 | **조화를 이루어야 한다**

④ 논리만으로는 안 된다 | **공감이 필요하다.**

⑤ 진지한 것만으로는 안 된다 | **놀이도 필요하다.**

⑥ 물질의 축적만으로는 안 된다 | **의미를 찾아야 한다**

▲ 미래 인재의 여섯 가지 조건

이와 같은 재능은 4차 산업혁명 시대에 필수적인 역량이 될 것이다. 우리는 시각적인 아름다움과 감성에 가치를 두어야 한다. 그리고 상대를 설득할 수 있는 자기 이해와 의사소통 능력을 갖추어 사람과 조화를 이룰 수 있어야 한다. 특히, 인공지능의 시대에는 지식과 논리보다는 타인과 함께할 수 있는 공감이 필수적인 역량이 될 것이다. 그 무엇보다도 시대가 요구하는 인재상은 삶을 즐길 줄 아는 마음의 여유와 자기 일에 의미를 부여하는 능력을 갖춘 사람이다.

3. 섬김의 리더십

섬김의 리더십(servant leadership)은 로버트 그린리프(Robert Greenleaf)에 의해서 제안되었다.[128] 섬김의 리더십은 선천적으로 타고나는 것이 아니라 후천적인 훈련과 연습을 통해 길러지는 것이다. 섬김의 리더십은 경청, 공감, 치유, 자각, 설득, 개념화, 예지력, 청지기 정신, 구성원의 성장, 공동체 건설의 10가지 특성을 가진다.[129]

경청 (Listening)

경청은 타인의 언어적, 비언어적 표현을 모두 주의 깊게 듣고 이해하려는 태도이다. 섬김의 리더는 각 개인의 소리를 잘 듣고, 그들이 속한 공동체의 의견도 중요하게 여긴다. 경청을 통해 리더는 구성원들이 자신의 욕구를 제대로 표현할 수 있도록 돕는다. 상대방의 말을 경청하면, 그 사람은 자신의 존재가 존중받고 있다는 느낌을 받으며, 자존감이 높아진다. 경청은 단순히 말을 듣는 것이 아니라, 상대의 존재를 인정하는 중요한 행동이다.

공감 (Empathy)

공감은 상대방의 감정에 자신을 투사하여 그들과 감정적으로 하나가 되는 것이다. 섬김의 리더는 구성원들의 말을 경청하고, 그들의 감정에 공감함으로써 그들을 진정으로 이해하고 섬길 수 있다. 또한, 구성원들이 리더와 공감할 때 그들은 신뢰를 쌓고 성장할 수 있다. 타인의 불완전함을 이해하고 관용적인 태도를 가지는 것이 중요하다.

치유 (Healing)

섬김의 리더가 경청과 공감을 통해 상대를 진심으로 받아들이면, 그들 간에 정신적 유대감이 형성되어 서로의 가치를 재확인하게 된다. 이러한 유대감은 치유의 효과를 가져온다. 그린리프는 리더가 자신을 치유해야 다른 사람을 치유할 수 있다고 말한다. 다른 사람을 돕는 것이 결국 자신의 치유에도 도움이 되기 때문이다.

자각 (Awareness)

섬김의 리더는 내외부에서 일어나는 모든 상황에 대해 자각하고 있어야 한다. 자신의 감정과 행동에 대한 자각은 리더가 올바른 결정을 내리는 데 필수적이다. 또한, 양심의 소리를 듣고 이기심을 버리는 것이 중요하다. 이를 통해 리더는 자신과 구성원을 진정으로 섬길 수 있다.

설득 (Persuasion)

섬김의 리더는 권위나 제도적 힘보다는 대화를 통해 사람들을 설득하려 한다. 진심과 열정을 다해 상대방을 설득하고, 그들을 이해하려고 노력해야 한다. 설득은 강요가 아니라 서로의 신뢰를 바탕으로 이루어져야 하며, 경청과 공감의 과정에서 자연스럽게 이루어진다.

개념화 (Conceptualization)

섬김의 리더는 단기적인 목표를 넘어서, 장기적인 비전을 개념화하여 구성원들에게 전달할 수 있어야 한다. 과거, 현재, 미래를 종합적으로 조망하고, 목표를 설정하여 그 방향으로 나아가야 한다. 섬김의 리더는 미래를 명확히 그려내어 구성원들에게 이를 전달하고, 그들이 그 비전을 실현할 수 있도록 돕는다.

예지력 (Foresight)

섬김의 리더는 미래를 예견하는 능력을 가져야 한다. 직관적 예지력은 상황을 미리 파악하고, 이를 통해 미래의 위험을 예방할 수 있게 도와준다. 섬김의 리더가 예지력을 발휘하면, 공동체와 구성원들을 효과적으로 이끌며 더 나은 미래를 준비할 수 있다.

청지기 정신 (Stewardship)

섬김의 리더는 자신에게 맡겨진 직책이나 자원을 공동체의 이익을 위해 관리해야 한다. 이기심을 버리고, 사회와 공동체의 선을 위해 자신의 자원을 사용할 때, 진정한 청지기 정신을 발휘할 수 있다. 섬김의 리더는 자신에게 주어진 책임을 다하고, 이를 통해 공동체에 기여하는 삶을 살아야 한다.

구성원의 성장 (Commitment to the Growth of People)

섬김의 리더는 공동체의 이익을 넘어서, 구성원들의 성장을 우선시해야 한다. 구성원들이 더 나은 사람으로 성장할 수 있도록 돕고, 그들의 개인적, 직업적 발전을 위한 지원을 아끼지 않는다. 이는 '사람이 우선(people first)'이라는 철학에서 비롯된 것이다.

공동체 건설 (Building Community)

섬김의 리더는 "공동체만이 진정한 치유와 사랑을 제공할 수 있다"는[130] 신념을 가져야 한다. 섬김의 리더는 구성원들이 서로 책임지고 사랑하는 공동체를 만드는 데 앞장서야 한다. 공동체가 건강하게 기능할 때, 공동체와 구성원들은 더 성장하고, 더 나은 사회를 이룰 수 있다.

나오는 말

계명대학교 교육목표 중 "사랑을 실천하는 전인적 지도자 배출"은 섬김의 리더십과 깊은 연관이 있다. 섬김의 리더는 타인의 언어적, 비언어적 표현을 '경청'하고 '공감'을 통해 신뢰를 쌓으며, 정신적 유대감을 형성해 자신과 타인을 '치유'한다. 또한, 자신의 감정과 행동을 '자각'하고 양심을 따르며, 권위가 아닌 대화로 구성원을 '설득'한다. 섬김의 리더는 공동체의 장기적 비전을 '개념화'하여 제시하고, '예지력'을 발휘해 미래의 위험을 예방한다. 나아가 '청지기 정신'으로 공동체의 선을 위해 자원을 관리하고, '구성원의 성장'을 우선시하며 건강한 '공동체를 건설'한다.

예수는 섬김의 리더십의 본보기였다. 높은 자리가 아닌 낮은 자리에서 사람들을 섬겼다. 예수가 보여준 섬김의 리더십은 시대를 초월해서 선한 영향력을 발휘한다. 계명인은 이를 본받아 사랑과 봉사를 실천하는 전인적 리더로 성장해야 할 것이다.

생각 나누기

01 다니엘 핑크가 말한 '미래 인재의 여섯 가지 조건' 중 각자에게 요구되는 재능에 대해서 이야기해 보자.

02 섬김의 리더십 10가지 특성 가운데 가장 중요하다고 생각하는 것은 무엇인지 말해 보자.

03 계명인 가운데 섬김의 리더십을 보여주는 사례를 찾아 보자.

미 주

Footnote

01 마태복음서 5장 17~18절; 누가복음서 4장 16~21절.
02 김정훈, 『구약주석 어떻게 할 것인가?』 (서울: 새물결플러스, 2018), 19-23.
03 출처: Wikimedia Commons.
04 제임스 B. 프리처드, 『고대 근동 문학 선집』, 김구원 책임감수 (서울: 기독교문서선교회, 2016), 90-103.
05 민경진, 『민교수의 구약해설』 (서울: 지식과 감성, 2021), 13-14. 구약 성경과 함무라비 법전과의 언약 개념 비교는 다음을 참고하라. 곽은성, "Relation and Significance of the Homicide Law in Exodus 21:12-14 on the Law of Hammurabi 207," 「구약논집」 25 (2023), 8-30.
06 프레더릭 머피, 『초기 유대교와 예수 운동: 제2 성전기 유대교와 역사적 예수의 상관관계』, 유선명 옮김 (서울: 새물결플러스, 2020).
07 노만 톰 라이트, 『이것이 복음이다』, 백지윤 옮김 (서울: IVP, 2017), 12.
08 D. Rhoads, Reading Mark, *Engaging in the Gospel* (Minneapolis: Fortress Press, 2004), 140-175.
09 E. Käsemann, *Jesus Means Freedom* (Philadelphia: Fortress Press, 1969). F. G. Downing, *Jesus and the Threat of Freedom* (London: SCM Press LTD, 1987), 1-7 참조.
10 김재현, 『Q복음서: 유대교와 기독교의 잃어버린 연결고리』 (대구: 계명대학교 출판부, 2021), 63-67.
11 실족이라는 말은 헬라어로 σκανδαλον이라고 한다. Hwa-Sun Lie, *Der Begriff Skandalon im Neuen Testament und der Wiedeerkhergedanke bei Laotse* (Frankfurt/M: Peter Lang & Bern, Herbert Lang, 1973), 33. "실족은 단순한 불신앙이나 비신앙이 아니라 신앙의 일부"이다.
12 조태연, 『예수운동』 (서울: 대한기독교서회, 1999), 384.
13 '사람의 아들'이라는 뜻을 가지지만, 묵시문학에서 실질적인 뜻은 천상적이며 신적인 존재를 가리킨다
14 야콥 예르벨, 『사도행전 신학』, 윤철원 옮김 (서울: 한들출판사, 2009). 예르벨에 따르면, 사도행전은 유대교와의 연속성 가운데서 읽어야 한다. 사도행전의 하나님은 이스라엘의 하나님이다. 사도행전의 저자는 하나님을 조상의 하나님이라고 부른다. 그리스도는 하나님의 백성을 위한 메시아다. 사도행전에서도 이방인 선교는 유대인 선교의 일부이다. 땅끝까지는 이방인 선교를 의미하는 것이 아니다. 사도행전 전반에 걸쳐 선교는 회당에서 이루어지며, 로마에서도 유대인들을 만남으로 끝난다(사도행전 28장 17절). 열두 사도는 열두 지파를 암시하며, 이스라엘과 그 운명의 이해에서 핵심을 이룬다. 사도행전을 이해함에 있어서 중요한 본문은 사도행전 1장 6절과 사도행전 15장 16절이다. 사도행전에서 이스라엘의 회복은 중요한 주제이다.
15 윌리엄 윌리몬, 『사도행전』, 박선규 옮김 (서울: 한국장로교출판사, 2010).
16 월터 라이펠드, 『사도행전의 해석』, 김진옥 옮김 (경기: 합신대학원출판부, 2014).
17 새 관점에 대해서는 제임스 던, 『바울에 관한 새 관점』, 최현만 옮김 (평택: 에클레시아북스, 2013) 참조.
18 더글라스 하링크, 『칭의 대신 정의의 시선으로 로마서 읽기: 세상을 변화시키는 진정한 힘에 관한 이야기』, 노동래 옮김 (서울: 새물결플러스, 2024).
19 존 크리스찬 베커, 『사도바울: 바울의 생애와 사상에서의 하나님의 승리』, 장상 옮김 (서울: 한국신학연구소, 1991). 이러한 관점으로 이루어진 최근의 대표적인 연구는 다음과 같다. D.

A. Campbell, The Deliverance of God: An Apocalyptic Rereading of Justification in Paul (Grand Rapids, Michigan, Cambridge: William B. Eerdmans Publishing Company, 2013).

20 히브리서는 일반 서신과 별도로 분류되기도 하지만, 여기에서는 일반 서신에 포함된 서신으로 분류하고자 한다.

21 기독교의 실랄한 비판가였던 니체도 예수를 기존의 도덕과 권력을 초월한 삶의 방식을 가르치고 실천한 위대한 인물로 보았다. 자세한 내용은 Friedrich W. Nietzche, 『안티크리스트』, 박찬국 역 (서울: 아카넷, 2013) 중 특히 33장 이하를 참조.

22 예수 탄생의 의미는 마태복음서 1장 23절이 보도하는 "임마누엘"(번역하면 "하나님이 우리와 함 께 계신다")이라는 특별한 이름에서도 찾아볼 수 있다.

23 Henri J. M. Nouwen, 『이는 내 사랑하는 자요』, 김명희 역 (서울: IVP, 2002), 23 이하를 참조.

24 프로이트는 도스토예프스키가 쓴 "대심문관 이야기"를 세계문학사의 압권이라며 찬사를 쏟아내었다. 하지만 정작 도스토예프스키는 이 극시에서 예수의 시험이야기야말로 어떤 현자, 시인, 철학자도 구상하기 어려운 전 세계와 인류의 미래사를 집약하고 있는 위대한 작품이라고 평가하였다.

25 "하나님의 나라"에 해당하는 헬라어 표현은 βασιλεια του θεοῦ(바실레이아 투 테우)이다. 학자들은 βασιλεία를 보통 "나라"라고도 번역하지만 "다스림", "통치", "왕권"으로도 번역한다.

26 십자가 처형에 대한 역사적, 고고학적 연구에 대해서는 Martin Hengel, 『십자가 처형』, 이영욱 옮김 (서울: 감은사, 2020), 75 이하를 참조.

27 유세비우스 팜필루스, 『유세비우스의 교회사』, 엄성옥 옮김 (서울: 은성출판사, 2008), 397-398(필자에 의해 축약)

28 Horst Fuhrmann, *Deutsche Geschichte im hohen Mittelalter: von der Mitte des 11. bis zum Ende des 12. Jahrhunderts* (Göttingen: Vandenhoeck & Ruprecht, 1978), 91.

29 요셉 피퍼, 『중세 스콜라 철학: 신앙과 이성 사이의 조화와 갈등』, 김진태 옮김 (서울: 가톨릭대학교출판부, 2015), 18-19.

30 에띠엔느 질송, 『중세철학입문』, 강영계 옮김 (서울: 서광사, 1983), 14.

31 불페르트 더 흐레이프, 『칼빈의 생애와 저서들』, 황대우·김미정 옮김 (서울: SFC 출판부, 2010), 35, 50.

32 당시에는 이 사랑채를 '야소교회당(耶蘇敎會堂)', '남문예배당', '남문안교회당' 등으로 불렀다.

33 제중원(濟衆院)은 '대중을 구제하고 치료하는 집'이란 뜻으로, 당시 미국 북장로교회 선교부가 한국에 설립한 병원은 대구 외에 서울, 평양, 선천에서도 모두 이 이름을 사용하였다.

34 노해리(盧解理, Harry A. Rhodes, 1875~1965)와 감부열이 편찬한 미국 장로교회의 한국 선교의 역사에 관한 저술(*History of The Korea Mission: Presbyterian Church in the U.S.A* ., Vol. 1(1884-1934), 194)에 따르면, 개원 시기는 성탄절 직전인 1899년 12월 24일로 추정되고 있다.

35 앞의 책, Vol. II (1935~1959), 171-172.

36 Archibald Campbell, *For God's Sake* (Philadelphia: Dorrance, 1970), 166.

37 계명대학교 120년사 편찬위원회, 『계명을 빛낸 사람들』 (대구: 계명대학교 출판부, 2019), 204.

38 신일희, 『타불라 라사』 (대구: 계명대학교 출판부, 2005), 37.

39 「계명대신문」 2024년 5월 27일 자, 8면.

40 조동일 외, 『학문에 바친 나날 되돌아보며』 (서울: 지식산업사, 2004), 31.

41 신일희, 앞의 책, 4.

42 정만득, 『미국의 청교도 사회』 (서울: 비봉출판사, 2001), 7.

43 첫 모임이 1953년 6월 11일 11시 계성학교 신태식 교장실에서 열렸다. 그 모임에 안두화, 최재화, 김광수, 박병훈, 오병기, 신후식, 주덕근, 차태화, 신태식 교장이 참석했다. 이 모임의 회장은 안두화 목사가 맡았고, 서기는 신태식 교장이 맡았다. 그 후 이 기성회는 7차례 회의를 거쳐 대학의 재단 설립과 이사선임을 결정하고 1954년 4월에 대학을 개교하기로 했다.

44 계명대학교는 2013년 4월 5일 약학대학관을 준공하면서 이 건물을 '보산관(普山館)'이라 명명했다. 보산관은 보산(普山) 신후식(申厚植, 1905~2010) 목사의 계명대학교에 대한 공적을 기리는 기념관이다. 보산 신후식 목사는 1953년 6월 11일 계명대학교를 설립하기 위한 기성회

준비위원회 창립위원의 한 사람으로 1954년 1월 8일까지 모두 8차례 동 기성회에 함께 했고 1955년 2월 5일 재단법인 계명기독대학 초대 설립이사로서 1961년까지, 1966년부터 1978년까지 20여 연간 학교법인 이사로 봉사하면서 어려운 시대에 계명대학교의 설립과 발전에 그 누구보다 큰 업적을 남겼다.

45 신태식 박사의 학장 취임은 두 가지 큰 의미를 지니고 있다. 첫째는 외국인이 아닌 한국인이 학장이 되었다는 점이며, 둘째는 목사가 아닌 교육행정 전문가가 학장직을 맡았다는 사실이다.

46 홀트아동복지회는 미국인 해리 홀트와 버다 홀트 부부가 1955년 전쟁과 가난으로 부모를 잃은 아이들에게 새로운 가정을 찾아주는 입양을 시작하며 설립됐다. 이 단체는 전쟁고아와 혼혈아동 지원 외에 장애인 보호·재활과 다문화사업 등으로 활동 범위를 넓혔으며 중증장애인 거주시설을 국내에서 가장 먼저 운영하기도 했다.

47 계명대학교 성서이전사 연구편찬위원회, 『계명대학교 성서캠퍼스 세계를 향해 빛을 비추다』 (대구: 계명대학교 출판부, 2024), 4.

48 신일희, 『초창기의 계명인』 (대구: 계명대학교 출판부, 2004), 294.

49 http://dsmcmwa.co.kr/06_missionary/missionary_detail.php?idx=33&page=2. 2024년 11월 30일 접속.

50 신일희, 『초창기의 계명인』, 296-297.

51 앞의 책, 303..

52 앞의 책, 303.

53 계명대학교 성서이전사 연구편찬위원회, 앞의 책, 624.

54 앞의 책, 625.

55 계명대학교 50년사 편찬위원회, 『계명대학교 50년사 1954~2004』 (서울: 다락방, 2004), 181.

56 신일희, 『초창기의 계명인』, 304.

57 (신일희 박사) 교육 희년 기념사업 준비위원회, 『행소(行素)』 (대구: 계명대학교 출판부), 332.

58 신일희, 『초창기의 계명인』, 304.

59 신일희, 앞의 책, 305-306.

60 https://www.imaeil.com/page/view/2010093010411688426. 2024년 11월 30일 접속.

61 신일희, 『초창기의 계명인』, 165.

62 앞의 책, 165.

63 앞의 책, 166.

64 계명대학교 성서이전사 연구편찬위원회, 앞의 책, 25.

65 계명대학교 50년사 편찬위원회, 앞의 책, 102.

66 (신일희 박사) 교육 희년 기념사업 준비위원회, 앞의 책, 331.

67 계명대학교 50년사 편찬위원회, 앞의 책, 92-94.

68 (신일희 박사) 교육 희년 기념사업 준비위원회, 앞의 책, 331. 신일희, 『빛을 여는 계명인』 (대구: 계명대학교 출판부, 2022), 139.

69 계명대학교 성서이전사 연구편찬위원회, 앞의 책, 26.

70 앞의 책, 80, 83-84.

71 앞의 책, 84.

72 앞의 책, 55-56.

73 앞의 책, 83.

74 (신일희 박사) 교육 희년 기념사업 준비위원회, 앞의 책, 335.

75 계명대학교 성서이전사 연구편찬위원회, 앞의 책, 85.

76 신일희, 『빛을 여는 계명인』, 146.

77 (신일희 박사) 교육 희년 기념사업 준비위원회, 앞의 책, 250-251.

78 앞의 책, 251-252.

79 앞의 책, 252-253.

80 앞의 책, 253-254.

81 계명대학교 성서이전사 연구편찬위원회, 앞의 책, 540-541.

82 앞의 책, 541.

83 앞의 책, 541.
84 앞의 책, 542.
85 계명대학교 50년사 편찬위원회, 앞의 책, 172.
86 신일희, 『타불라 라사』 (대구: 계명대학교 출판부, 2005), 56-57.
87 계명대학교 성서이전사 연구편찬위원회, 앞의 책, 249.
88 앞의 책, 36.
89 앞의 책, 58.
90 Jeff Mcmahan, "Brain death, cortical death and persistent vegetable state," *Helga Kuhse & Peter Singer, A Companion to Bioethics* (Oxford, Blackwell, 2001), 250.
91 C. M. Culver & B. Gert, "The Definition and Criterion of Death," Mappes, T. A. & D. Degrazia, eds. *Biomedical Ethics* (New York: McGraw-Hill, 2001), 312.
92 김형철, "뇌사와 장기이식," 『생명의료윤리』, 구영모 엮음 (서울: 동녘, 2001), 114-115.
93 이찬수, "평화 개념의 해체와 재구성: 평화다원주의의 정립을 위하여," 「평화와 종교」 1 (2016), 15.
94 평화감수성 개념은 김재현 외의 생명감수성과 인권감수성 그리고 선혜란의 평화감수성을 기초로 하여 필자가 재구성한 것이다. 김재현 외, 『생명감수성 인큐베이팅』 (대구: 계명대학교 출판부, 2019), 34-35, 110-111; 선혜란, "평화감수성을 기르는 전쟁사 수업" (한국교원대학교 대학원 역사교육전공 석사학위논문, 2009), 15.
95 정주진, 『평화학: 평화적 공존을 위한 이론과 실행』 (서울: 철수와영희, 2022), 192.
96 https://www.ohchr.org/en/instruments-mechanisms/instruments/declaration-right-peoples-peace. 2024년 11월 30일 접속.
97 이 선언은 평화권을 집단의 권리로 간주했지만 평화를 권리로 인식했다는 점에서 유엔의 평화권 논의의 새로운 국면이라 평가된다.
98 정윤수 외, 『인간은 왜 폭력을 행사하는가?: 일상에 스며 있는 차별과 편견의 폭력』 (서울: 철수와영희, 2018), 66; 서보혁, 정욱식, 『평화학과 평화운동』 (서울: 모시는사람들, 2016), 40, 72-73.
99 정진성, "평화권 논의의 구조와 전망," 「인권연구」 1 (2018/1), 1-3.
100 김재현 외, 앞의 책, 91.
101 정윤수 외, 앞의 책, 63.
102 김병연, "평화교육 교수학습체계에 관한 연구," 「윤리철학교육」 15 (2011), 60.
103 요한 갈퉁, 『평화적 수단에 의한 평화』, 강종일 외 옮김 (서울: 들녘, 2000), 19-20, 412-445; 정주진, 앞의 책, 76-91.
104 요한 갈퉁, 앞의 책; 정주진, 앞의 책. 갈퉁의 이러한 주장은 아이리스 영(Iris M. Young)의 사회구조적 억압의 개념과 양상을 통해 구체적으로 설명될 수 있다. 영이 말한 사회구조적 억압은 "자유주의 사회의 일상적인 관행 때문에 겪는 불이익과 불의"와 "의문의 여지가 없는 규범, 습관, 상징에 각인된 체계적인 강제" 그리고 "일상적인 상호작용, 미디어, 문화적 정형화, 그리고 관료주의적 위계 구조와 시장 메커니즘의 구조에 있는 선량한 사람들의 무의식적인 가정과 반응 때문에 겪는 불의"를 의미한다. 이러한 사회구조적 억압은 착취(exploitation), 주변화(marginalization), 무권한(powerlessness), 문화제국주의(cultural imperialism), 구조적 폭력(systematic violence)의 다섯 가지 양상으로 나타난다. Iris M. Young, *Justice and the Politics of Difference* (Princeton: Princeton University Press, 1990), 40-63.
105 허먼 헨드릭스, 『聖書로 본 平和와 暴力』, 이현주 역 (왜관: 분도출판사, 1988), 9-20; 세계교회협의회 엮음, 『정의로운 평화 동행』, 기독교평화센터 엮어옮김 (서울: 대한기독교서회, 2013), 30.
106 세계교회협의회 엮음, 앞의 책, 30.
107 허먼 헨드릭스, 앞의 책, 21-23; 세계교회협의회 엮음, 앞의 책, 32.
108 김상덕, "정의로운 평화(Just Peace) 개념의 이론적 고찰-세계교회협의회(WCC) 논의를 중심으로," 「한국기독교신학논총」 124 (2022), 177; 세계교회협의회 엮음, 앞의 책, 101-102.
109 안교성, "기독교와 전쟁: 정의로운 전쟁(정당 전쟁, Just War)에서 정의로운 평화(Just Peace)로," 「성서마당」 (2022 겨울), 45-46.
110 김상덕, 앞의 논문, 175; 세계교회협의회 엮음, 앞의 책, 102.

111 김상덕, 앞의 논문, 175-176; 세계교회협의회 엮음, 앞의 책, 103.
112 정주진, 앞의 책, 47; 박원곤, "정당한 전쟁론 연구-평화주의, 현실주의와의 비교-,"「신앙과 학문」21 (2016/2), 64-65.
113 세계교회협의회 엮음, 앞의 책, 64-66.
114 앞의 책, 14.
115 앞의 책, 16.
116 앞의 책, 16.
117 앞의 책, 20-21.
118 서보혁, 정욱식, 앞의 책, 64-65.
119 피스키퍼는 더 이상의 폭력이 발생하지 않는 현재 상태를 유지하려는 방법으로, 피스메이커는 피스키핑의 상태를 조약이나 협상을 통해 좀 더 안정적으로 확보하려는 방법으로, 피스빌더는 사회구조적 차원과 문화적 차원에서 평화를 구축하는 방법으로 평화를 위해 일하는 사람이다.
120 김태룡, 안희정, "자원봉사의 활성화에 미치는 사회자본의 영향분석,"「한국정책연구」9/3 (2009), 197- 218.
121 정진경, "자원봉사 개념의 재해석과 통합적 적용의 탐색,"「한국사회복지행정학」14/3 (2012), 31-52.
122 송기영, 김욱진, "자원봉사활동의 지속성에 관한 연구,"「한국콘텐츠학회논문지」(2017), 444- 460.
123 박동현, "구약에서 말하는 섬김,"「성서학 연구원 저널」61 (2009), 3-11.
124 디아코네오는 밥상머리에서 시중드는 행위를 뜻하는 단어이며, 주로 개인적이고 구체적인 보살핌과 생계 돌봄의 의미를 담고 있다. 반면에 둘류오는 종과 주인의 관계에서 비롯된 용어로 예속과 헌신을 강조하며, 절대적인 순종을 통해 예수를 섬기는 행위를 나타낸다.
125 최성훈,『리더십: 리더십 이론의 성경적 적용』(서울: CLC, 2016), 14.
126 김재인,『인공지능의 시대 인간을 다시 묻다』(서울: 동아시아, 2017), 9.
127 다니엘 핑크,『새로운 미래가 온다』, 김명철 옮김 (서울: 한국경제신문, 2007), 13-17.
128 Robert K. Greenleaf, *Servant Leadership: A Journey into the Nature of Legitimate Power and Greatness* (New York: Paulist Press, 2002).
129 Larry C. Spears and Michele Lawrence, eds., *Practicing Servant Leadership* (San Francisco: Jossey-Bass, 2004), 13-16.
130 Robert K. Greenleaf, *Servant Leadership: A Journey into the Nature of Legitimate Power and Greatness*, 51.

참고문헌

Reference

갈퉁, 요한. 『평화적 수단에 의한 평화』. 강종일 외 옮김. 서울: 들녘, 2000.

계명대학교 120년사 편찬위원회. 『계명을 빛낸 사람들』. 대구: 계명대학교 출판부, 2019.

계명대학교 50년사 편찬위원회. 『계명대학교 50년사: 1954-2004』. 서울: 다락방, 2004.

계명대학교 동산도서관. 『古書綜合目鏶錄』. 대구: 태일사, 2004.

계명대학교 성서이전사 연구편찬위원회. 『계명대학교 성서캠퍼스 세계를 향해 빛을 비추다』. 대구: 계명대학교 출판부, 2024.

계명대학교 한국학연구원. 『계명대학교 동산도서관 소장 善本 古書 해제집(1·2·3)』. 대구: 계명대학교 출판부, 2008·2009·2012.

곽은성. "Relation and Significance of the Homicide Law in Exodus 21:12-14 on the Law of Hammurabi 207." 「구약논집」 25 (2023), 8-30.

국립대구박물관·대구광역시박물관협의회. 『대구의 박물관』. 대구: 밝은사람들, 2011.

김병연. "평화교육 교수학습체계에 관한 연구." 「윤리철학교육」 15 (2011), 55-78.

김상덕. "정의로운 평화(Just Peace) 개념의 이론적 고찰-세계교회협의회(WCC) 논의를 중심으로." 「한국기독교신학논총」 124 (2022), 169-202.

김재인. 『인공지능의 시대 인간을 다시 묻다』. 서울: 동아시아, 2017.

김재현, 김춘이, 이인경, 허선호. 『생명감수성 인큐베이팅』. 대구: 계명대학교 출판부, 2019.

______. 『Q복음서: 유대교와 기독교의 잃어버린 연결고리』. 대구: 계명대학교 출판부, 2021.

김정훈. 『구약주석 어떻게 할 것인가?』. 서울: 새물결플러스, 2018.

김중순, 김병희. 『겨자씨 속에 담은 천국』. 서울: 소통, 2009.

______, 이은숙. 『이 사람들아, 지금 머하노?』. 서울: 소통, 2009.

김태룡, 안희정. "자원봉사의 활성화에 미치는 사회자본의 영향분석." 「한국정책연구」 9/3 (2009), 197- 218.

김형철. "뇌사와 장기이식." 『생명의료윤리』. 구영모 엮음. 서울: 동녘, 2001.

대구광역시박물관협의회·영남문화재연구원. 『대구의 문화유적과 박물관』. 서울: 씨티

파트너, 2009.
던, 제임스. 『바울에 관한 새 관점』. 최현만 옮김. 평택: 에클리시아북스, 2013.
______. 『예수와 기독교의 기원』. 차정식 옮김. 서울: 새물결플러스, 2010.
라이트, 노만 톰. 『이것이 복음이다』. 백지윤 옮김. 서울: IVP, 2017.
라이펠드, 월터. 『사도행전의 해석』. 김진옥 옮김. 경기: 합신대학원출판부, 2014.
머피, 프레더릭. 『초기 유대교와 예수 운동: 제2 성전기 유대교와 역사적 예수의 상관관계』. 유선명 옮김. 서울: 새물결플러스, 2020.
문화재청. 『한국의 옛 지도』. 서울: 예맥, 2008.
민경진. 『민교수의 구약해설』. 서울: 지식과 감성, 2021.
박동현. "구약에서 말하는 섬김." 「성서학 연구원 저널」 61 (2009), 1-16.
박원곤. "정당한 전쟁론 연구-평화주의, 현실주의와의 비교-." 「신앙과 학문」 21 (2016/2), 57-88.
베커, 존 크리스찬. 『사도바울: 바울의 생애와 사상에서의 하나님의 승리』. 장상 옮김. 서울: 한국신학연구소, 1991.
보른캄, G. 『나사렛 예수』. 강한표 옮김. 서울: 대한기독교서회, 2004.
빛을 여는 계명인 편찬 위원회 편. 『빛을 여는 계명인』. 대구: 계명대학교 출판부, 2022.
서보혁, 정욱식. 『평화학과 평화운동』. 서울: 모시는사람들, 2016.
선혜란. "평화감수성을 기르는 전쟁사 수업." 한국교원대학교 대학원 역사교육전공 석사학위논문, 2009.
세계교회협의회 엮음. 『정의로운 평화 동행』. 기독교평화센터 엮어옮김. 서울: 대한기독교서회, 2013.
손인호. "영원한 계명인 동산 신태식 박사." 『초창기의 계명인』. 대구: 계명대학교 출판부, 2004.
송기영, 김욱진. "자원봉사활동의 지속성에 관한 연구." 「한국콘텐츠학회논문지」 (2017), 444-460.
신일희. 『초창기의 계명인』. 대구: 계명대학교 출판부, 2004.
______. 『타불라 라사』. 대구: 계명대학교 출판부, 2005.
아이프, 짐. 『인권과 사회복지 실천』. 김형식·여지영 옮김. 서울: 인간과 복지, 2000.
안교성. "기독교와 전쟁: 정의로운 전쟁(정당 전쟁, Just War)에서 정의로운 평화(Just Peace)로." 「성서마당」 (2022 겨울), 38-49.
양신혜. 『아담스와 함께 걷는 청라언덕』. 경기: 크리스천 르네상스, 2024.
예르벨, 야콥. 『사도행전 신학』. 윤철원 옮김. 서울: 한들출판사, 2009.
윌리몬, 윌리엄. 『사도행전』. 박선규 옮김. 서울: 한국장로교출판사, 2010.
이찬수. "평화 개념의 해체와 재구성: 평화다원주의의 정립을 위하여." 「평화와 종교」 1 (2016), 15-42.

전재규, 황봉환. 『사문진 나루터에서 청라언덕까지』. 경기: 우리시대, 2024.
정만득. 『미국의 청교도 사회』. 서울: 비봉출판사, 2001.
정윤수 외. 『인간은 왜 폭력을 행사하는가? : 일상에 스며 있는 차별과 편견의 폭력』. 서울: 철수와영희, 2018.
정주진. 『평화학: 평화적 공존을 위한 이론과 실행』. 서울: 철수와영희, 2022.
정진경. "자원봉사 개념의 재해석과 통합적 적용의 탐색." 「한국사회복지행정학」 14/3 (2012), 31-52.
정진성. "평화권 논의의 구조와 전망." 「인권연구」 1 (2018/1), 1-35.
조동일 외. 『학문에 바친 나날 되돌아보며』. 서울: 지식산업사, 2004.
조성호. "교회 리더십 형성과 팔로워십의 상관관계 연구." 「신학과 실천」 42 (2014), 771-798.
조태연. 『예수운동』. 서울: 대한기독교서회, 1999.
존슨, 우드브리지 오들린. 『대구의 첫 서양 의료인 존슨이 미국 북장로교에 보내는 편지』. 한미경, 성민경, 유성경 옮김. 경기: 도서출판 보고사, 2024.
최성훈. 『리더십: 리더십 이론의 성경적 적용』. 서울: CLC, 2016.
타이센, G. 『역사적 예수』. 손성현 옮김. 서울: 다산글방, 2001.
프리처드, 제임스 B. 『고대 근동 문학 선집』. 김구원 책임감수. 서울: 기독교문서선교회, 2016.
핑크, 다니엘. 『새로운 미래가 온다』. 김명철 옮김. 서울: 한국경제신문, 2007.
하링크, 더글라스. 『칭의 대신 정의의 시선으로 로마서 읽기: 세상을 변화시키는 진정한 힘에 관한 이야기』. 노동래 옮김. 서울: 새물결플러스, 2024.
행소 신일희 박사 교육희년 기념사업 준비위원회 편. 『행소(行素)』. 대구: 계명대학교 출판부, 2016.
행소박물관. 『꿈의 여정-계명대학교 행소박물관 소장품 100선』. 서울: 씨티파트너, 2008.
헨드릭스, 허먼. 『聖書로 본 平和와 暴力』. 이현주 역. 왜관: 분도출판사, 1988.

Campbell, Archibald. *For God's Sake*. Philadelphia: Dorrance, 1970.
Campbell, D. A. *The Deliverance of God: An Apocalyptic Rereading of Justification in Paul*. Grand Rapids, Michigan, Cambridge: William B. Eerdmans Publishing Company, 2013.
Culver, C. M. & B. Gert. "The Definition and Criterion of Death." Mappes, T. A. & D. Degrazia. eds. *Biomedical Ethics*. New York: McGraw-Hill, 2001.
Downing, F. G. *Jesus and the Threat of Freedom*. London: SCM Press LTD, 1987.
Greenleaf, Robert K. *Servant Leadership: A Journey into the Nature of Legitimate Power and Greatness*. New York: Paulist Press, 2002.

Käsemann, E. *Jesus Means Freedom*. Philadelphia: Fortress Press, 1969.
Lie, Hwa-Sun. *Der Begriff Skandalon im Neuen Testament und der Wiedeerkhergedanke bei Laotse*. Frankfurt/M: Peter Lang & Bern, Herbert Lang, 1973.
Mcmahan, Jeff. "Brain death, cortical death and persistent vegetable state." Helga Kuhse & Peter Singer. *A Companion to Bioethics*, Oxford, Blackwell, 2001.
Rhoads, D. *Reading Mark, Engaging in the Gospel*. Minneapolis: Fortress Press, 2004.
Rhodes, Harry A. and Campbell, Archibald eds. *History of The Korea Mission: Presbyterian Church in the U.S.A.,* Vol. 1(1884~1934). Seoul: The Presbyterian Church of Korea, Department of Education, 1934.
______. *History of The Korea Mission: Presbyterian Church in the U.S.A.,* Vol. II (1935~1959). New York: Commission on Ecumenical Mission and Relations, PCUSA, 1964.
Schröter, Jens. *Jesus von Nazaret: Jude aus Galiläa - Retter der Welt*. Leipzig: Evangelische Verlagsanstalt, 2017.
Spears, Larry C. and Michele Lawrence. eds. *Practicing Servant Leadership*. San Francisco: Jossey-Bass, 2004.
Wolter, M. *Jesus von Nazaret*. Göttingen: Vandenhoeck & Ruprecht, 2019.
Young, Iris M. *Justice and the Politics of Difference*. Princeton: Princeton University Press, 1990.

「계명대신문」 2024년 5월 27일 자.
http://dsmcmwa.co.kr/06_missionary/missionary_detail.php?idx=33&page=2. 2024년 11월 30일 접속.
https://www.imaeil.com/page/view/2010093010411688426. 2024년 11월 30일 접속.
https://www.ohchr.org/en/instruments-mechanisms/instruments/declaration-right-peoples-peace. 2024년 11월 30일 접속.

집필진 소개

곽은성 | 계명대학교 연합신학대학원 신학과 교수

김서준 | 계명대학교 연합신학대학원 신학과 교수

김재현 | 계명대학교 Tabula Rasa College 교수

김춘이 | 계명대학교 Tabula Rasa College 교수

박민수 | 계명대학교 인문국제학대학 기독교학과 교수

박정근 | 계명대학교 연합신학대학원 신학과 교수

이경규 | 계명대학교 Tabula Rasa College 교수

이인경 | 계명대학교 Tabula Rasa College 교수

이종원 | 계명대학교 Tabula Rasa College 교수

이종한 | 계명대학교 인문국제학대학 중국어중국학과 교수

최봉도 | 계명대학교 인문국제학대학 기독교학과 교수

허선호 | 계명대학교 Tabula Rasa College 교수